CATÉCHISME POÉTIQUE

DE LA

JEUNESSE

PAR

L'Abbé Élie-Georges DAVET

En vente :

CHEZ L'AUTEUR, 8, RUE DES FOSSÉS

à CORBEIL (Seine-et-Oise)

—

1926

Catéchisme Poétique

JEUNESSE

Catéchisme Poétique

DE LA

JEUNESSE

PAR

L'Abbé Élie - Georges DAVET

En vente :

CHEZ L'AUTEUR, 8, RUE DES FOSSÉS
à CORBEIL (Seine-et-Oise)

—

1926

Imprimatur.

L. FOUCHÉ, v. g.

Versailles, 8 octobre 1925.

CHANT I

LA DIVINE CROYANCE

LA DIVINE CROYANCE

A LA JEUNESSE

Ils sont écrits pour vous, ces trois chants poétiques
Sur la religion chrétienne et catholique.
Puissent-ils vous instruire, enflammer votre amour,
Et vous mener à Dieu par un chemin plus court !
La prose charge tout sur sa puissante épaule,
Et marche lentement. Plus gracieux, le rôle
Du vers, c'est d'être oiseau, d'aller de fleurs en fleurs
Au suave parfum, aux brillantes couleurs.
Il est si délicat qu'il se fâche et s'irrite
Contre un terme trop dur, contre un mot parasite.
Mieux encore. Le vers harmonieux, touchant,
Émeut l'homme, et sa voix s'exalte jusqu'au chant.
Poètes, vous avez chanté toute l'histoire
De notre cœur humain : joie, infortune, gloire...

Mais, la religion cherche d'autres accents.
Elle veut dans ses fils de plus hauts sentiments.
Ainsi, du roi David elle aime les Cantiques
Qui célèbrent le Christ en des vers prophétiques.
Elle nous fait pleurer les malheurs de Sion,
Et chanter le bonheur du vieillard Siméon,
Et le *Benedictus* du prêtre Zacharie,

Et le *Magnificat* de la Vierge Marie.
Enfant de France, viens croire, espérer, aimer,
Et chanter ta croyance. Avec moi, viens prier;
Dire à Dieu la parole ailée et des louanges,
Écho fidèle et pur du cantique des anges.
Esprit Divin, Lumière et Source de ma foi,
Je n'ai soif que de Vous ! Vous seul, inspirez-moi !
Répandez dans mes chants la grâce salutaire
Qui réchauffe les cœurs et qui les désaltère...
A l'Église soumis, je fais profession
De suivre sa doctrine et sa tradition;
D'être un humble croyant, plus encore qu'un styliste,
Et de plaire au chrétien beaucoup mieux qu'à l'artiste.

CATÉCHISTE DIVIN, CATÉCHISME MODÈLE

Tout catholique apprend le pur christianisme
Dans un livre admirable appelé *Catéchisme*,
Simple, substantielle et brève instruction
Sur les points principaux de la religion.
Voulez-vous son plus beau modèle dans l'histoire ?
L'exemple de Jésus s'offre à notre mémoire.
Répondant aux docteurs et les interrogeant,
Il les étonne, il les ravit, encore enfant.
Plus tard, son Évangile adopta cette forme

D'enseignement. Le Maître, en le prêchant, s'informe
Si dans la bonne terre a germé le « bon grain »,
Qu'il sème tous les jours de sa divine main.
— « Sait-on bien qui je suis ? » dit-il à ses apôtres.
« Vous-mêmes, répondez : vous, avant tous les autres. »
— Or, Pierre, le premier, à répondre empressé,
Se trouve le premier, loué, récompensé.
Un autre jour, sur la « renaissance » au baptême
Il fait le catéchisme au tremblant Nicodème.
Que de fois il redit aux Juifs comment son corps
Mieux que la manne est la nourriture des « forts ».
Pour chaque apôtre, il est « catéchiste modèle ».
— L'Église, à son exemple, instruira le fidèle
Catéchumène, avant les sacrements divins.
Elle a fait publier, pour ses pieux desseins,
Le « Catéchisme, dit du concile de Trente » :
Chef-d'œuvre qui répond le mieux à son attente ;
Notre modèle à tous ; le sage inspirateur
De la saine doctrine et du zélé pasteur.

LA RELIGION

Sur la religion, l'orateur préféré
D'un enfant de l'Église est monsieur le Curé.
Mieux qu'en tout autre, il goûte une parole amie,
Ses élans pleins de foi, sa fine bonhomie.

Que je voudrais avoir du vénéré pasteur,
La bonne humeur, le zèle, et l'esprit et le cœur,
Pour exprimer ce qu'est la religion Sainte
Et vous en inspirer plus d'amour que de crainte !
— Il faut l'étudier surtout, pieusement,
Et devenir un saint, encor plus qu'un savant.
De la religion l'étude théorique
N'est qu'un moyen. Le but, c'est la vivre en pratique.
— D'où vient l'homme ? Où va-t-il ? Quel sera son destin ?
Avons-nous le néant, avons-nous Dieu pour fin ?
Pourquoi c'est déraison et c'est pure démence,
De vivre loin de Dieu, sans foi, sans espérance ?
Privé de grâce, avec la seule volonté,
Peut-on aimer, vraiment, selon la Charité ?
Vaincre des passions la redoutable flamme ?
Par quels moyens Dieu veut naître et vivre en notre âme ?...
... Et combien d'autres points d'interrogation !...
— Qui seule y répondra ?
                    — C'est la religion.
Elle est « la chaîne d'or, dit le poète Homère,
Qui relie à Dieu l'homme, et le Ciel à la terre ».
Pour forger cette chaîne au fond de notre cœur,
Avec l'or de la grâce et la loi du Seigneur,
Priez que brille en vous l'Esprit d'intelligence,
Qui ne fait qu'un avec l'Esprit d'obéissance.

CHRÉTIEN ! CE NOBLE NOM...

Chrétien ! ce noble nom, ce beau titre de gloire,
Ne fut pas le premier que nous donna l'histoire.
Tantôt « Galiléen », tantôt « Nazaréen »,
« Frère », « Disciple », — et dans Antioche, Chrétien,
Sont les noms variés par lesquels on baptise
Les sectateurs du Christ aux débuts de l'Église.
Quelques-uns sont-ils nés dans la bouche de gens
Ennemis ou railleurs, peut-être indifférents ?
Qu'importe ! Ils nous sont chers, surtout ceux qui rappellent
Le pays de Jésus et sa « Bonne Nouvelle » ;
Et Marie, et Joseph ; l'Annonciation
De l'ange Gabriel et l'Incarnation
Du Verbe, à Nazareth, ville de Galilée ;
Les noces de Cana, le lis de la vallée...
Lac de Génésareth, eaux du Jourdain, Thabor,
De la voix de Jésus vous résonnez encor !
Beaux ciels galiléens, séduisants paysages,
Quel tableau nous en fait l'Évangile, en ses pages !
Voici les fleurs des champs et les épis de blé ;
La poule, la brebis, le grain de sénevé ;
La vigne et les sarments. Là-haut, sur la montagne,
Le semeur du « Bon grain » ; la foule l'accompagne,
Le suit jusqu'au désert...
                Être « Galiléen »,
« Nazaréen », c'est beau, —moins beau qu'être « Chrétien ».
— Chrétien vient du mot Christ. Comme mon divin Maître

Je suis oint, consacré — tel un roi, tel un prêtre.
Ce nom nous fut donné, dit-on, par une erreur
Qui confondit le titre et le nom du Sauveur.
Moi, j'aime cette erreur dont je crois le Ciel cause ;
Car, à ce nom béni, combien répond la chose !
N'oublions point la date : en l'an quarante-trois,
Antioche l'a dit pour la première fois

LES DOUZE ARTICLES DU *CREDO* APOSTOLIQUE

Les Apôtres avaient, au repas des adieux,
Rompu le Pain et bu le Vin mystérieux.
L'Esprit, qui de l'Église est le divin oracle,
Illuminait leur âme, en ce nouveau cénacle,
Où les Douze étaient, tous, une dernière fois,
Avant que l'univers retentît de leur voix.
Sous son impulsion, ce jour-là, fut tracée
La formule, qui s'est lentement précisée,
Dont l'Église a gardé l'impérissable écho
Dans son apostolique et sublime *Credo*.
— Que contient-il ?
                        — La foi, la vérité chrétienne
Prêchée, au nom du Christ, contre l'erreur païenne,
Dissipant tout à coup les ombres de la nuit
— Tel un soleil levant qui sur le monde luit — ;
Et jetant plus d'éclat en moins de demi-page,

Que l'antique raison des savants et des sages.
Douze articles. Total : vingt lignes. Il n'est pas,
Pour les bien mesurer, d'assez puissants compas.
Le *Credo*, dans le monde, est l'étoile polaire
Qui, jusqu'au ciel du Christ, le dirige et l'éclaire,
Le tient sur les hauteurs, et le pousse en avant.
Cette étoile brilla dans mon âme d'enfant,
Tandis que sur mon front coulait l'eau du baptême.
C'est pour me rappeler cette grâce suprême,
Que je dis mon *Credo* le soir et le matin,
Comme pour moi l'ont dit et marraine et parrain.
A le chanter aussi l'Église me convie
A la grand'messe ; avant d'offrir le Pain de Vie,
Elle veut enflammer ma foi par le *Credo*.
— Existe-t-il sur terre un spectacle plus beau
Que mille hommes, debout, aux nefs des cathédrales,
Le chantant tous, en chœur, de leurs voix triomphales.

LE SIGNE DE LA CROIX

Avec l'oiseau qui vole, il plane dans les airs ;
Le poisson, en nageant, l'emporte au fond des mers ;
Aimable, il règne sur la fleur des crucifères ;
Le doigt de Dieu le trace au ciel et sur la terre.
Du clocher le plus humble au plus fier monument,
L'Église l'a dressé, glorieux, triomphant.
Depuis son origine, au siècle apostolique,

Par excellence il est le « Signe catholique ».
Tel un rapide éclair, puissant, audacieux,
Il part des mains du prêtre et va briller aux cieux,
Pour s'enrichir de grâce et féconder la terre,
Par tous les sacrements, la messe et la prière.
Quand cette main bénit, hommes, courbez vos fronts :
Elle est riche de vie et pleine de pardons.
— Mille faits sont contés dans nos vieilles histoires,
Ainsi que de nos jours, comme autant de victoires
Du signe de la croix, sur les fléaux divers
Contre le genre humain vomis par les enfers.
Par ce signe sacré l'Église nous protège.
— Qu'il ne soit pas du prêtre exclusif privilège !
Chacun, dans la prière, en toute occasion,
Sans peur, doit l'opposer à la tentation.
Qu'il ajoute à sa force, encore, l'eau bénite,
Pour vaincre le démon et pour le mettre en fuite.
Deux signes de la croix d'inégale grandeur,
Sont en usage. Ils ont une même valeur.
— Grand signe ou petit signe, armons-nous du symbole
De la divine Croix où notre Dieu s'immole,
Afin qu'elle nous serve à tous de rallîment,
Quand nous la reverrons au jour du jugement.

DIEU DANS LA NATURE

Un prompt coup d'œil jeté sur la nature entière
Nous apprend que l'esprit domine la matière.
Au degré le plus bas, on voit le végétal
S'apparenter avec le monde minéral.
Mais au-dessus de lui, possédant plus de vie,
Un être plus parfait au végétal s'allie.
De degrés en degrés, c'est l'univers entier,
Dans lequel l'être humain se trouve le premier.
Lui seul peut aller aux conceptions profondes ;
D'un clair regard il sait interroger les mondes.
Armé d'expérience et de mille instruments,
D'âge en âge fournis à ses yeux de savant,
Il voit un plan unique, une belle harmonie :
Enchaînement parfait de matière et de vie.
L'amour du vrai lui fait en rechercher l'auteur,
L'architecte puissant, le grand inspirateur.
Penché sur un atome avec un microscope,
Étudiant les cieux avec un télescope,
Il plonge par l'esprit au delà du fini,
Et son raisonnement bondit dans l'infini.
L'infini, l'éternel, l'idéal, ô mystères !
Qui s'imposent à lui, comme aux âmes sincères,
Et conduisent enfin son cœur loyal à Dieu,
L'Esprit pur, et l'Auteur du monde harmonieux.
— Peu d'hommes sont doués pour être cette élite ;
Convives du festin où la Science invite.
Parmi les appelés rares sont les élus,

Au savoir éminent ajoutant les vertus
Du parfait honnête homme, et dont le caractère,
Exclut tout parti pris et tout esprit sectaire ;
Mais, philosophes purs, aussi bien que savants,
Et que n'aveugle pas un orgueil transcendant.
Du miel qu'a distillé cette rare sagesse,
Hommes de bonne foi, nourrissez-vous sans cesse.
A nos grands pionniers, si vous donnez la main,
Ils vous épargneront la longueur du chemin
Et les pièges grossiers qu'à l'inexpérience
Tendent tous les frelons d'une fausse science.

DIEU RÉVÉLÉ

J'aime les beaux écrits d'un génial auteur,
Qui font courber mon front aux pieds du Créateur,
Arrachent son masque à l'érudition vaine,
— A ce fatras subtil d'une raison hautaine, —
En dépit du bon sens, voulant faire exister
Le monde, aveugle et sourd, toute une éternité.
— Mais, un moyen rapide et sûr, à notre taille,
Admirable surtout pour l'homme qui travaille,
Nécessaire à l'enfant, à tout infortuné,
Par le Dieu de bonté nous fut un jour donné.
Homme, qui n'entends pas sa voix dans la nature ;
Toi qui ne sais le voir dans cette image obscure ;
Qui, même, as refusé le témoignage humain
De tant de monuments qui ne te disent rien,...

... Écoute, homme obstiné, le divin témoignage
Qui vient parler au cœur un sublime langage ;
Et que, par sa clarté, la Révélation
Produise en ton esprit l'illumination.
C'est Adam, c'est Moïse, et ce sont les prophètes
Inspirés et choisis, de Dieu les interprètes.
— Hommes ?
                  — Oui, mais chacun, simplement précurseur
Du Christ qui vient du Ciel pour être le Sauveur.
« Allez à Lui, vous tous qui pleurez, car Il pleure.
Vous qui passez, allez à Celui qui demeure »
Ici-bas, sur la terre et dans son sacrement
D'amour, car il s'est fait vôtre éternellement.
Pour vous instruire, il a prêché son Évangile.
La grâce vous rendra la besogne facile.
Elle est aimable et douce auprès du Divin Cœur.
Promptement l'on s'instruit aux pieds du Bon Pasteur.
C'est ainsi, qu'à douze ans, Agnès, vierge romaine,
Que, plus tard, Jeanne d'Arc, notre vierge lorraine,
Germaine de Pibrac, Thérèse de Lisieux,
Ont appris à connaître, à servir le Bon Dieu.

PERFECTION DE DIEU

J'entrevois Dieu, son Être et sa Perfection,
Dans l'univers et dans la Révélation.
« Je suis Celui qui suis », a-t-il dit de Lui-même.
Il est donc l'Être, en soi, nécessaire, suprême ;

L'idéale, incréée et parfaite Beauté ;
Souverain par la gloire et la félicité ;
L'Unique ; l'Esprit pur ; l'Invisible ; Il féconde
Toute vie et produit tout ordre dans le monde ;
Sans passé, ni futur, ni temps, — rien de mortel,
Ayant commencement ou fin, — c'est l'Éternel
Comme c'est l'Infini ; toute chose est présente,
A son œil qui voit tout, de façon permanente.
Libre et parfait, Il a l'immutabilité :
Il sera tel qu'Il est, qu'Il a toujours été.
Ni le Verbe incarné, ni quelque créature
Ne peuvent altérer sa divine nature.
Par son Intelligence, Il est Omniscient :
Il sait donc le passé, l'avenir, le présent...
Dans ma pensée Il voit beaucoup mieux que moi-même.
S'Il punit, c'est pour l'Ordre et pour le Bien suprême.
L'Intelligence, en Lui, sait prendre tout moyen
De procurer sa Gloire en menant tout à bien.
Le mal n'empêche pas l'œuvre de sa Sagesse.
A l'œil religieux Elle apparaît sans cesse,
Dans le fait le plus simple, ou dans l'événement.
Tandis qu'Elle se cache à l'esprit arrogant,
Scandalisé de voir qu'Elle met en usage,
Pour ses plus grands desseins, ce qu'il croit le moins sage,
Parce que faible, obscur, et qu'un esprit mondain
Écarte avec mépris, comme impuissant et vain.
Mais le Dieu qui lança les astres dans l'espace,
Fait asseoir le plus humble à la première place.
Puisqu'Il est Tout-Puissant, l'impossibilité
N'existe pas pour sa divine Volonté.
— Il ne peut du péché que concevoir la haine ;
Car, hélas! le péché, c'est la malice humaine.

LA PROVIDENCE

De l'être inanimé jusqu'à l'esprit qui pense,
Dieu règle tout par sa divine Providence.
Même au commencement, dans l'apparent chaos,
L'Esprit de Dieu planait sur l'abîme des eaux,
Disposait, ordonnait les éléments des choses ;
Leur imposait des lois, afin qu'à peine écloses,
Aux temps prédestinés, il pût mener à bien
Leur développement, leur progrès et leur fin.
La foi nous dit qu'en Dieu les lois sont immuables,
Les décrets éternels, fixes, irrévocables ;
Qu'Il est prudent et sage, et, pour exécuter
Le plan de sa Sagesse, Il a sa Volonté.
S'Il a soumis le monde à ses lois éternelles,
Il l'abandonne à ses créatures mortelles :
Êtres inférieurs, vivants, organisés.
Matière inorganique, êtres inanimés.
— En son pouvoir l'homme a cet immense domaine.
A l'arbre il prend le fruit ; à la brebis, la laine ;
A l'abeille, le miel ; leurs petits aux oiseaux.
Le bœuf et le cheval sont pour ses durs travaux ;
Le fer pour ses outils ; pour sa maison, la pierre,
L'or, le marbre, le bois ou toute autre matière ;
La pluie et le soleil, la terre et les saisons,
Pour féconder son grain et mûrir ses moissons.
Ainsi l'homme est créé le roi de la nature.
— Se montre-t-il toujours bien sage créature ?

Intelligente ? Est-il fier de sa mission ?
Dit-il à Dieu « merci » pour sa création ?
A l'image de Dieu, l'homme est-il providence
Pour l'être dont il a la libre jouissance ?
Puisqu'il a sur beaucoup droit de vie et de mort,
Leur fait-il largement le moins malheureux sort ?
Du plus humble d'entre eux comprend-il la merveille ?
— Ingrat ! Souviens-toi donc, souviens-toi que Dieu veille
Sur la petite fleur et sur le passereau,
Sur le bœuf qui rumine et le timide agneau.
Qui frappe sans raison un être sans défense,
Touche Dieu dans son cœur, appelle sa vengeance.
— Dieu, dit-on, est, parfois, trop bon pour les méchants,
Trop méchant pour les bons...

                       — Voilà de sottes gens !
La vérité, c'est qu'Il est le Dieu qui rallume
La lampe qui s'éteint et la mèche qui fume.
C'est qu'un loup, un serpent ont place à son soleil,
Comme une belle fleur, comme le fruit vermeil.
Et que l'homme éprouvé qui le prie et s'incline,
Trouve au fond du calice une douceur divine.
J'en sais que la douleur a pu faire grandir
Au point de s'écrier : « Ou souffrir ou mourir ! »
Ah ! oui, vous êtes Bon, Vous, dont la Providence,
Mon Dieu, me fait gagner le Ciel par la souffrance.
Et si vous répandez jusque sur le méchant
Mille bienfaits, c'est que vous êtes patient,
Laissant plutôt agir toute loi naturelle,
Puisqu'il vous reste enfin la Justice éternelle.

LE MYSTÈRE

Malgré le clair soleil, la lune et les étoiles,
Le jour n'est pas sans ombre, et la nuit a des voiles.
Pouvons-nous espérer que l'électricité
Va triompher enfin de toute obscurité ?
Sans doute, la Science, au siècle de lumière,
De progrès en progrès poursuivant sa carrière,
Mesure l'univers avec tous ses compas.
Mais des mondes lointains, qu'elle ne connaît pas,
Limitent ses efforts et bornent sa puissance.
« O mystère ! » dit-elle, en fouillant dans les cieux.
« Mystère ! » redit-elle, en cherchant nos aïeux
Dans le sein de la terre, aux temps préhistoriques.
Dans son astronomie et ses mathématiques,
Sa législation et son enseignement,
Pour le vieil écolier et pour le jeune enfant,
Que de fois elle hésite et change de programme !
L'hypothèse lui plaît, comme la mode aux femmes.
Quelle société, quelle profession,
A trouvé la clef d'or de la perfection ?
Vos raisons, vos calculs, savants et philosophes,
Nous ont-ils épargné les grandes catastrophes ?
Ce n'est pas aujourd'hui, ni pour demain encor,
Qu'est trouvé le remède aux maux de notre corps.
Un mal parfois subit, violent, redoutable,
Foudroie un bel enfant, superbe de santé.
La mère, en pleurs, accourt au docteur réputé :

« Pauvre mère, dit-il, le mal est incurable ! »
— Je déteste le faux, ou le demi-savant,
Qui, fier du peu qu'il sait, prend des airs de pédant,
Et se pose très haut en docteur-providence.
« J'ai, dit-il, dans mes mains, un flambeau : la Science! »
— Le vrai, tel un Pasteur, a plus d'humilité.
Tel un Pascal, le vrai tremble, est épouvanté,
Devant « ces infinis »... l'extrême petitesse
Et l'extrême grandeur que Dieu, dans sa sagesse,
Impose à son esprit, pour lui faire savoir
Quel est notre néant, et quel est son pouvoir.
Quand un Pasteur adore et quand un Pascal tremble,
Voyez Aliboron (mettons-en mille ensemble),
Dire à Dieu : « Ma raison veut mesurer tes pas ;
Mes mains veulent toucher... sinon, je ne crois pas ! »
— Contre les sens grossiers et la raison malsaine
Poussons le cri vainqueur, né d'une foi sereine,
Qui chassa Lucifer de la hauteur des Cieux,
Le cri de saint Michel : « Qui donc est comme Dieu ! »

LA SAINTE TRINITÉ

Trois personnes : un Dieu. Parfaite égalité,
Mêmes perfections : Science, Éternité ;
La puissance infinie et la divinité.

Père, Fils, Saint-Esprit : Dieu, créateur du monde ;
Fils, Père, Saint-Esprit : Dieu, rédempteur du monde;
Saint-Esprit, Père, Fils : Dieu, Sainteté du monde;

D'un Dieu, telle est l'œuvre extérieure et féconde ;
Œuvre commune aux Trois, où la division
N'est permise que par appropriation.

Une seule nature aux personnes divines.
Mais, deux « Processions » dans l'ordre d'origine.
Dans cet ordre, le Père a la « Propriété »,

Sans avoir rien reçu, d'avoir toujours été.
D'où vient qu'Il est Première Source de Lumière.
Son Verbe est engendré de sa substance entière.

Dieu le Père et son Fils unique, en contemplant
Leur image parfaite, ont un ravissement
D'amour et de bonheur et d'extase infinie,

Qui produit l'Esprit-Saint, Dieu d'amour, **Dieu de vie.**

— Profondeur d'un mystère, à nul autre pareil.
Le plus pur et le plus invisible Soleil,
Mais qui pénètre tout de sa féconde flamme ;
O Trinité ! ma foi t'adore et te proclame.
Un jour, le ciel s'ouvrit et révéla ton nom,
Dont la beauté sublime échappe à ma raison,
Sur les bords du Jourdain, quand le Père Lui-même,
Fit entendre sa voix, à l'heure du Baptême
De son Fils bien-aimé ; lorsque l'Esprit d'amour,
Sous forme de colombe, apparut à son tour.
— A la vie, à la mort, c'est Toi, Trinité Sainte,
Qui nous marquera tous de ta divine empreinte.

———————

LA CRÉATION

I

L'Être éternel, parfait et le seul nécessaire
Libre d'agir, voulut mettre six jours pour faire
Acte de Créateur et pour manifester
Qu'Il est le Dieu puissant et le Dieu de bonté.
Par quel tableau sublime et quels traits magnifiques
Moïse nous le peint dans ses récits bibliques !
L'historien donne place au législateur
Soucieux d'honorer le repos du Seigneur,
Au septième jour, — vénérable origine
Du Sabbat, — ordonné par une loi divine.
Son vieux texte sacré reste victorieux
Du sourire insolent, de l'assaut furieux
De l'incrédulité, riche d'incompétence,
Enflée aveuglément d'une fausse science.
Qu'il fut jadis bruyant, qu'il fut même hautain,
Le rire de l'impie, et qu'il se trouve vain,
Pour quiconque a pu faire une étude suivie,
Comparée, entre toute autre cosmogonie !

II

Premier jour :

La terre que Dieu crée est, d'abord, un chaos.
L'Esprit planait alors sur l'abîme des eaux.

— Aux ténèbres, Dieu dit: « Que naisse la lumière ! »
La lumière aussitôt répondit la première
A son appel divin ! — « Elle sera le jour ;
Les ténèbres, la nuit, dit-Il, et, tour à tour,
Le matin et le soir. »

Deuxième jour :

                    ... Puis Dieu, fit l'étendue
Qu'Il appela le Ciel...

Troisième jour :

                    ...Toute l'eau répandue,
Sous lui, couvrait l'aride ; or, Dieu la réunit,
Pour que l'aride émerge, et lui créa le lit
Des mers ; et le Seigneur nomma l'aride : terre.
A la terre, Dieu dit : « Qu'en toi naisse et prospère
L'herbe verte ; ainsi que tous arbres avec fruits
Variés, selon leur espèce ; et soient produits,
Au sein de chacun d'eux, germe, graine, semence. »
— Et la terre suivit la divine ordonnance.

Quatrième jour :

Les étoiles, la lune, au firmament des cieux,
Pour marquer les saisons, le temps et les années,
Illuminer la nuit, furent alors semées ;
Et le soleil brilla, le jour voulu de Dieu.

Cinquième jour :

Dieu commande à la mer : « Que dans ses eaux profondes
Naissent poissons, oiseaux, et qu'elles soient fécondes

Pour tout être vivant qui nage dans les mers,
Et pour tout être ailé qui vole dans les airs. »
Il les bénit ; quand Il leur eut donné la vie :
« Que chacun d'eux, dit-il, croisse et se multiplie. »

Sixième jour :

Dès le sixième jour, le Seigneur Tout-Puissant,
Ordonne et parle ainsi : « Que tout être rampant
Sorte de terre et vive : à la bête sauvage,
Ainsi qu'à tout bétail, soient vie et pâturage. »

Ayant trouvé tout bien : plantes, arbres, oiseaux,
Reptiles, et poissons, et tous les animaux,
Dieu dit à Dieu : « Faisons à notre ressemblance
L'homme, pour lui donner entière préséance
Et domination sur tout être vivant
Dans les eaux, sur la terre, et dans les cieux volant. »
— Il dit : et du Seigneur la parole éternelle
A son image fit l'homme, mâle et femelle.
Dieu les bénit et dit : « Croissez, multipliez,
Et remplissez la terre, et partout dominez.
L'animal trouvera dans l'herbe sa pâture;
Vous choisirez les fruits pour votre nourriture. »

A son ouvrage Dieu vit qu'il ne manquait rien,
Au soir du dernier jour, et que tout était bien.

L'ANGE

L'ange — qu'on peint, selon une vieille coutume,
Avec tête d'enfant, grandes ailes de plume,
Pour représenter son extrême agilité,
Sa jeunesse et son impérissable beauté —
Est un esprit sans corps, que Dieu crée invisible
A nos yeux, impalpable, aux sens inaccessible.
Il l'a fait pour sa gloire et pour exécuter,
En tous temps, en tous lieux, toutes ses volontés.
— L'épreuve a placé l'un dans le mal et le vice.
L'autre a choisi le bien...

                ... L'inflexible Justice
Ouvre implacablement ses abîmes de feu.
L'archange saint Michel sera le bras de Dieu.
Il déclare la guerre à l'archange rebelle,
Au brillant Lucifer, le grand chef infidèle,
Qu'un orgueil insensé pousse à se révolter,
Disent de bons auteurs, pour ne pas adorer
Le Verbe, qui voulait prendre une forme humaine,
Être un « Verbe fait chair », dans son amour extrême
Pour la Vierge Marie et l'Incarnation,
Et son Eucharistie et la Rédemption.
« Qui donc est comme Dieu ! » a dit Michel, l'archange.
Et ce cri rallia dans son camp les bons anges.
Lucifer et les siens furent précipités
De la hauteur des cieux, et dans l'enfer jetés,
Dans ce gouffre brûlant d'une éternelle flamme.

— Finie au Ciel, la guerre existe dans notre âme.
Il s'agit de savoir encor si le vainqueur
Sera le grand archange, ou bien l'usurpateur
Tombé du Ciel. Plus tard, au paradis terrestre,
Il a pris sa revanche, à l'homme si funeste,
Qu'il en serait mort, sans le « Bon Samaritain ».
Mais la lutte, aujourd'hui, continue, — et, demain,
Jusqu'à la mort...

     ... Ah ! que belle sera la gloire
Si le péril est grand! Dieu promet la victoire
A ceux qui font appel à leur ange gardien,
Et suivent ses conseils sur la route du bien.
— Un poisson monstrueux, dans un fleuve d'Asie,
Se jette avec fureur sur le jeune Tobie.
« Courage, mon enfant, dit l'ange Raphaël;
Sus au monstre ! Sans peur, arrachez-lui le fiel,
Et vous l'emporterez pour guérir votre père ! »
— Dieu change ainsi le mal en bienfait salutaire.
Ce monstre est un symbole. Avec l'ange de Dieu,
Sensible à notre cœur et présent à nos yeux,
Par la foi, qui pourrait être pusillanime,
Et ne pas repousser le démon dans l'abîme ?
Avec l'ange gardien, Michel et Raphaël,
Nous sommes les plus forts.

      — Que l'ange Gabriel
Pour être humble, nous mène à l'autel de Marie,
La mère de la grâce et la Vierge bénie.

L'HOMME

Créature de Dieu, l'homme est un composé
Étroitement uni, parfaitement dosé,
D'une âme intelligente et d'un corps: de matière
Et d'esprit. Après l'ange, il est à la première
Place dans l'univers ; sur la terre, il est roi,
Aux yeux de la raison, comme aux yeux de la foi.
Dans ce monde habité, sur la terre où nous sommes,
Qui donc parle, commande, agit comme les hommes ?
Merveilleux est l'instinct de certains animaux.
Des savants avertis nous disent leurs travaux.
Et pour n'importe quel observateur vulgaire,
L'adresse de plusieurs semble extraordinaire.
Ce n'est pas sans motif qu'on a souvent vanté
Ou leur ruse, ou leur force, ou leur agilité.
Par quel moyen secret, mystérieux, étrange,
La faiblesse de l'homme, en un pouvoir se change,
Possédé par lui seul, magique, universel,
Qui met tout, sous les pieds de ce chétif mortel ?
Sans doute, un tel prestige est fait d'intelligence ;
Plus encor, de courage et de persévérance.
Et, pour finir d'un mot notre comparaison,
Entre la bête et nous, l'abîme est la raison.
Rendons grâces à Dieu, l'auteur de la nature,
Qui, de sa main, pétrit sa noble créature,
Et voulut que le monde obéît à sa loi.
Mais comment exprimer ce qu'elle est par la foi ?

C'est la foi qui nous dit, et qui, bien haut, proclame
Que la grandeur de l'homme est surtout dans son âme
Immortelle, et vivant d'un souffle créateur
De Dieu. Le corps s'honore en restant serviteur.
A l'âme de grandir, au corps de se soumettre.
L'ordre n'existe plus, si le corps est le maître.
C'est la vie animale, et l'oubli de la fin
Surnaturelle ; — et c'est mépris du plan divin :

« L'union de notre âme à Dieu, bonheur suprême. »

— Adam avait reçu, dans sa substance même,
Une image de la divine Volonté,
De son intelligence et de sa liberté.
La grâce vint se joindre aux vertus naturelles,
Pour rendre l'union plus intime et plus belle.
Par essence, Adam est l'être religieux
Voué, d'âme et de corps, au service de Dieu.
Sa conscience voit, aime le vrai, sans voile.
Elle brillait, comme au ciel pur brille l'étoile.
Il ne veut que le bien et le fait sans effort.
Au Paradis terrestre, il ne craint point la mort.
L'univers lui sourit et la terre est bénie.
Dans les épanchements d'une joie infinie,
Il est la voix qui chante un hymne au Créateur,
Pour toute créature. Il est le noble cœur
D'où monte vers le Ciel l'encens de la prière :
L'interprète du cri de la nature entière.

ADAM ET ÈVE

Dieu met l'homme dans un jardin délicieux.
La paix est dans son cœur; le bonheur, dans ses yeux.
Un jour, il perdit tout, avec son innocence.
La raison ne saurait expliquer sa démence.
Pour la mieux voir, il faut interroger la foi.
— Le Seigneur, plein d'amour pour son pontife-roi.
Ne veut pas qu'il soit seul. Or, nul ne lui ressemble
Parmi les animaux qui devaient, tous ensemble,
Répondre à son appel, quand, la première fois,
Il nomme chacun d'eux. Et, le Seigneur, qui l'aime,
L'endort pour créer Ève...
                                    — Au réveil, c'est Dieu même
Qui bénit l'union avec l'être charmant,
Qu'Adam nomme « sa chair », qu'il chérit tendrement,
Et qui, bientôt, hélas ! l'entraîne dans le crime.
Son amour trop charnel l'a plongé dans l'abîme.
— Ève, femme imprudente, avait étourdiment,
Près de l'arbre fatal, écouté le Serpent.
Le fruit était si beau ! Plus belle la promesse
Du rusé séducteur. Ah! la fatale ivresse !
... Elle cueille ; elle mange ; elle offre ; et, dans sa main,
Ève a le sort d'Adam, le sort du genre humain...
— Pour elle, Adam sacrifia sa conscience
Et Dieu. Par le péché de désobéissance,
Il a perdu sa race, il est dégénéré...

... Par un Dieu de bonté il est régénéré.

L'expiation est la règle universelle
Du *Nouveau Roi* de la création nouvelle.
Par une vie heureuse, elle arrivait au port.
— Désormais, le travail, la douleur et la mort,
Serviront de rançon, pour gagner la couronne.
Un seul subit l'épreuve ; — à l'avenir, personne
N'aura droit au bonheur que s'il a su souffrir
Toute une noble vie ; et s'il sait bien mourir.
Honte à l'homme qui n'a pour but qu'un méprisable
Plaisir de quelques jours, terrestre et misérable !
Tel est le plan nouveau du Père créateur.
Qui le rendra fécond ? Le sang du Rédempteur.
L'homme, purifié, reçoit la grâce extrême,
De trouver son bonheur dans son châtiment même.
— De la bouche divine, Adam pécheur apprit
Qu'un jour naîtrait de lui ce Rédempteur, ce Christ.
Le démon, plein de rage, apprit que sa conquête
Éphémère, la femme, écraserait sa tête.

———

LE PÉCHÉ ORIGINEL

> Malheureux que je suis !
> Qui me délivrera de ce corps de mort ?
> St Paul, *Ad Rom*, VII, 24.

Homme supérieur aux attraits de ce monde,
A la vie, à l'amour, à l'idéal humain ;
Homme surnaturel, né de l'Esprit divin —
— Fils d'Adam, ô pécheur, songe à l'esprit immonde !

Esclave du Serpent, ton maître est-ce Dieu ? — Non ;
Puisque son ennemi, même, avant ta naissance,
Le péché lui ravit la suprême puissance
Sur ton âme, enchaînée à l'enfer, au démon.

Chef-d'œuvre du Très-Haut, ruine lamentable,
Qu'un homme, un ange, un Dieu seul, n'ont pu réparer.
Mystérieux déchu, pour te régénérer,
Il faudra l'Homme-Dieu, sa croix et son étable.

Terre et Ciel réunis, efforts prodigieux,
Mérites infinis du Christ, et son sang même,
Ne te sauveraient pas, sans les eaux du baptême.
Encore, homme charnel, tu restes vicieux.

La tache originelle a souillé ta nature.
L'amour n'a pas guéri ce que la haine a fait.
De volonté fragile et toujours imparfait,
Tu sens, au fond du cœur, l'éternelle blessure.

— Homme surnaturel, né de l'Esprit divin,
Homme supérieur aux attraits de ce monde !
A l'amour, à la vie, à l'idéal humain,
Souviens-toi du Serpent, de cet esprit immonde.

LE VERBE DE DIEU

Avant que brille un ciel ; avant la terre et l'onde ;
Avant le noir chaos, avant qu'existe un monde ;
Avant même le temps, sans nul commencement,
Le Verbe, en Dieu le Père, est éternellement.

Et le Verbe était Dieu, du Père Fils unique.
Par Lui, tout est créé : la nature angélique,
Jusqu'aux plus bas degrés de l'être, en l'univers ;
Depuis les Séraphins jusqu'aux plus humbles vers.
Car le Verbe est la Vie, et sa Vie est Lumière.
Il la sème partout : aux cieux et sur la terre.
Sa Lumière est Sagesse et sa Vie est Bonté.
De préférence Il a choisi l'humanité
Pour les plus chauds élans de sa vive tendresse.
Quand l'homme a méconnu sa Bonté, sa Sagesse,
Qu'il s'est jeté dans les ténèbres de l'erreur,
Qu'au vice et qu'au démon il a livré son cœur ;
Sur la terre, un rayon de sa Lumière pure,
Brille dans ses élus, pendant la nuit obscure.

— D'abord, un homme tient le flambeau : c'est Adam,
Noé, Melchisédec ; un Job, un Abraham.
Puis, la famille, dont le chef est patriarche.
Plus tard, c'est la tribu ; c'est le peuple, avec l'arche
D'Alliance. Israël voit son législateur,
Moïse, inspiré par le Verbe du Seigneur,
Qui, sur le Sinaï, lui dicte sa Loi Sainte,
Au milieu des éclairs, car, c'est la loi de crainte.
Avec les juges, les prophètes et les rois,
Le Verbe au peuple élu fait entendre sa voix.
Fut-il de sa pensée un meilleur interprète
Que David, le berger, devenu roi-prophète ?
Du Messie il nous peint toute la Passion :
Ses douleurs et sa mort, sa Résurrection,
Avec de tels accents pieux et prophétiques,
Qu'ils sont notre Prière et nos chants liturgiques.
Isaïe a tracé de l'Homme des douleurs,

Un portrait achevé jusqu'en ses profondeurs ;
De ce Fils d'une Vierge, il chante la naissance ;
De son tombeau la glorieuse survivance.
Michée indiquera son berceau : Bethléem.
Jérémie a pleuré sur sa Jérusalem,
Et le temple détruit... Ainsi, tous, d'âge en âge,
Rendent à l'Homme-Dieu d'éclatants témoignages...
— Quand Jean, le Précurseur, paraît, l'heure a sonné :
Le Verbe se fait chair ; un Sauveur nous est né.

L'IMMACULÉE CONCEPTION

C'est la perle cachée au fond de l'océan ;
La neige inviolée au sommet du Liban ;
Le soleil la revêt de splendeur ; douze étoiles
Illuminent son front. La lune, avec ses voiles
Mystérieux et doux, vient donner à ses traits
De royale beauté, les gracieux attraits.
Le Serpent rampera jusqu'à la Bienheureuse,
Ouvrira sur ce lys sa bouche venimeuse.
Depuis qu'il a vaincu, jadis, le genre humain,
Pour la première fois sans force est son venin.
Avec rage, il contemple une âme, à peine née,
Que les anges du Ciel nomment l'Immaculée.
Dans ses anneaux puissants il voudrait l'enlacer ;
Mais, à ses pieds vainqueurs, on le voit expirer.

« De ma fille chantez l'éclatante victoire,
Dit le Père à la cour céleste. C'est ma gloire,
Et celle de mon Fils, et de l'Esprit d'Amour.
Qu'à la terre les cieux s'unissent, en ce jour.
De ma création, désormais, elle est reine,
Et de tout l'univers l'aimable souveraine.
De l'Ange au Séraphin, chantez tous de grand cœur
A la fille du Père un éternel honneur ! »
— L'Esprit-Saint souriait à l'épouse chérie...
— « Ma mère, dit le Fils, à la Vierge Marie ;
A l'œuvre rédemptrice attachée avec moi,
Sois notre Mère à tous. Qu'ils s'adressent à toi
Pour obtenir mes dons avec plus d'abondance.
Sois mère de bonté ; sois mère de clémence.
Pour remède au malheur, au crime, au désespoir,
Mets dans les cœurs la paix, fais rayonner l'espoir.»

MARIE

Son père, Joachim, était Galiléen ;
Anne, sa mère, était fille de la Judée
Qui vit éclore ce beau « lys de la vallée »
Au pays d'Israël qu'arrose le Jourdain ?

A quelle heure, en quel jour, la terre l'a vu naître ?
— Trois lieux voudraient avoir l'honneur de son berceau,
Après celui du Christ, entre tous, le plus beau :
Sion, ou Nazareth, ou Sépphoris, peut-être ?

Consolons-nous. Bientôt nous retrouvons ses pas.
Elle est si jeune, encore ; elle a trois ans, à peine,
Quand, pour l'offrir à Dieu, dans le temple on l'emmène.
Dieu la gardera bien... Nous ne la perdrons pas !

Elle viendra toujours, au temps de la prière,
Renouveler ici l'hommage de son cœur,
De sa virginité, qui plaît tant au Seigneur,
Conduite par la main de sa pieuse mère.

Elle écoute au foyer l'histoire des aïeux.
Aux menaces tremblantes, au récit des promesses,
Son âme s'abandonne aux saintes allégresses.
— Elle chante : « Voici l'Orient radieux ;

Le Prince de la Paix, le Soleil de Justice.
A quel peuple innombrable il répand ses bienfaits !
Il est l'Agneau divin expiant nos forfaits.
Sur un autel nouveau je vois son sacrifice.

Il est vêtu de pourpre ; il porte un étendard.
Chante, ô Jérusalem, le fils du roi de Gloire !
Toutes les nations proclament sa victoire ;
Et sa mère, une Vierge, a la meilleure part. »

— Mais, la fleur du Carmel quitte la ville sainte.
L'heure sonne où Marie, à l'âge de quinze ans,
Doit vivre à Nazareth, sous l'œil de ses parents,
Les yeux fixés au ciel, dans l'attente et la crainte.

A ce moment béni, l'Auguste Trinité
Trouvera dans Joseph l'homme de confiance,
Qui saura rassurer sa timide innocence ;
Être un sûr gardien de sa virginité.

Envoyez, ô mon Dieu, Gabriel, votre archange ;
Qu'il dépose à ses pieds son *Ave, Maria.*
Anges, avant Noël, entonnez *Gloria !...*
... Terre, fais éclater ta joie et ta louange !

L'ANNONCIATION

Ève, pour égaler Dieu lui-même en science,
Écoute les propos du rusé séducteur,
Son mensonge effronté, son langage flatteur,
Et se livre au péché de désobéissance.

— Marie, à Nazareth, grandit dans l'innocence,
Loin du monde, est fidèle à la loi du Seigneur.
La vérité, qu'elle aime et de bouche et de cœur,
Inspire sa parole, ou dicte son silence.

— Par sa présomption, sa sotte vanité,
Avec Adam, Ève a perdu l'humanité.
— L'« Ange annonce à Marie... » Elle écoute et s'incline.

Dans son sein virginal le Verbe se fait chair.
Marie a désarmé la colère divine,
Et son humilité triomphe de l'enfer.

LA VISITATION

Quand la Trinité Sainte eut accompli sur terre
    L'Annonciation,
Le Ciel fut transporté de joie, à ce mystère
    Et d'admiration.

Les neuf chœurs, imitant du Bienheureux Archange
    Le salut gracieux,
A la Mère du Verbe adressent la louange
    De l'*Ave* glorieux.

Mais elle, toute entière à la grâce fidèle,
    Interroge le Ciel ;
Et, lorsqu'elle a compris la pensée éternelle
    Dictée à Gabriel,

Sans hésiter, elle quitte la Galilée
    Ses parents, Nazareth ;
Sa charité la pousse aux monts de la Judée,
    Auprès d'Élisabeth.

Sa cousine répond au salut de Marie :
    « D'où me vient ce bonheur
De recevoir la femme entre toutes bénie,
    La Mère du Seigneur ?

Dans mon sein, mon enfant tressaille d'allégresse
    Au doux son de ta voix.

— Gloire à Dieu, dit Marie, Il aime ma bassesse ;
    Quelle grâce en ce choix !

Il a voulu briser et réduire en poussière
    La force du méchant ;
Il élève et soutient le faible, en sa carrière,
    De son bras tout-puissant.

Le plus humble instrument de la plus grande chose,
    Toutes les Nations
Chanteront mon bonheur, jusqu'à ce que soit close
    Notre Rédemption.

Pauvre, rappelle-toi, dans mon pieux cantique,
    Combien Dieu t'a béni ;
O riche, souviens-toi de mon chant prophétique,
    Pour n'être point puni !

Car, le jour est venu des divines promesses
    A la race d'Adam ;
Et, bientôt, le Messie étendra ses largesses
    Aux vrais fils d'Abraham ».

LA MÈRE DE JÉSUS

A l'heure de minuit, Jésus naît; et Marie,
Au doux rayonnement de la Virginité,
Ajoute la splendeur de la Maternité.
Le Fils vient dans les bras de sa Mère chérie.

Hosanna ! Gloire à Dieu ! Le démon, en furie,
Voit arriver le jour où notre humanité,
A retrouvé la grâce avec la liberté,
Délivrée, à jamais, de toute idolatrie.

La Bienheureuse Vierge adore l'Emmanuel.
Joseph est à ses pieds. Le Sauveur d'Israel,
Voulant des tout petits les premières louanges,

Appelle des bergers qui gardaient leur troupeau.
Ils adorent l'Enfant enveloppé de langes :
Dans une crèche il dort, comme dans un berceau.

NOËL

I

Les cloches de Noël,
    Bons fidèles,
    Vous appellent
Aux pieds de l'Éternel.

A Bethléem, venez
    Dans l'étable
    Misérable
Où le Sauveur est né.

L'âne et le bœuf d'accord,
        Ont leur bouche
        Sur la couche
De l'Enfant-Dieu qui dort.

A l'heure de minuit,
        Sa lumière
        Nous éclaire
Et comme un soleil luit.

Entendez-vous aux cieux
        Les louanges
        Des saints Anges
Qui chantent : « Gloire à Dieu ? »

Pour nous ils ont chanté :
        « Paix aux hommes »,
        Si nous sommes
« De bonne volonté ».

Si nous avons la foi
        Simple et vive,
        Expansive,
Des bergers pour leur roi.

Des Mages d'Orient
        Si l'Étoile
        Nous dévoile
Et la Mère et l'Enfant.

II

L'Homme-Dieu vient à nous
    Sur la terre ;
    Quel mystère !
Tombons à ses genoux.

Il vient pour apaiser
    La Colère
    De son Père,
Et nos chaînes briser.

Il porte le péché,
    En victime
    Du grand Crime;
Sur la paille couché.

Il faut qu'Il soit soumis ;
    Et qu'Il pleure ;
    Et qu'Il meure ;
Au Père Il l'a promis.

C'est le Médiateur
    Secourable,
    Charitable,
C'est notre Rédempteur.

Pour répondre à l'Amour,
    Qu'à la crèche
    Il nous prêche,
Aimons, à notre tour.

Aimons pieusement,
Les doux charmes,
Et les larmes
De ce divin Enfant.

Les cloches de Noël,
Bons fidèles,
Vous appellent
Aux pieds de son autel.

L'ÉTOILE DES MAGES

Les Mages d'Orient possédaient la richesse,
Un pays enchanteur et le titre de roi.
Amis, parents, foyer, ils quittent tout. — Pourquoi ?
— D'un bel astre l'attrait inspire leur ivresse.

Dans le Ciel étoilé, qu'ils observaient sans cesse,
O spectacle nouveau ! Libre de toute loi,
L'astre vient, souriant, leur dire : « Suivez-moi ».
Irrésistible appel ! Étoile enchanteresse !

Ils partent... Mais, bientôt, c'est la profonde nuit.
Solitude et désert. A leurs yeux, rien ne luit.
Au cœur, seul, vit l'espoir de retrouver l'Étoile.

Après mille dangers, voici Jérusalem.
O bonheur ! un prophète a déchiré le voile :
Dans l'astre aux rayons d'or, ils lisent : « Bethléem ».

LES MAGES A BETHLÉEM

L'étoile étincelait, ainsi qu'un diamant,
Sur la pauvre cabane où reposait l'Enfant.
Ils entrent, voient Jésus dans les bras de Marie.
Debout, comme en extase, humblement Joseph prie.
Ouvrier, semble-t-il, mais quelle dignité !
Et dans son air royal, quelle simplicité !
L'éblouissante étoile, ô consolant mystère,
Darde ses rayons d'or sur le front de la mère,
Dont la beauté surpasse et la rose et le lis ;
Et sa belle lumière illumine le Fils.
Remplis de joie et de gratitude, les Mages
Offrirent à l'Enfant les précieux hommages
De la foi, de l'amour et de la piété,
Avec un noble élan de générosité :
L'or, au roi souverain du ciel et de la terre,
Qui choisit pour palais une pauvre chaumière ;
Et le mystique encens est offert, en ce lieu,
Au Seigneur Tout-Puissant, à Jésus, Fils de Dieu.
Mais ce Dieu doit mourir, comme une créature.
La myrrhe honorera l'humaine sépulture.

— Avertis par le Ciel, ils quittent Bethléem,
Pour éviter Hérode et fuir Jérusalem.

LES SAINTS INNOCENTS

Hérode, roi des Juifs, fut un usurpateur ;
Sur la force romaine il appuya son trône ;
Dans un ruisseau de sang il plongea sa couronne.
L'histoire l'a nommé le « Grand persécuteur ».

Son dernier crime inspire une profonde horreur ;
Comptant sur le retour des Mages, il s'étonne
D'abord, mais peu de temps, car bientôt il soupçonne
Leur départ. Quand il sait, éclate sa fureur :

« Frappez sans hésiter et frappez au plus vite;
N'en épargnez aucun, dit-il aux satellites. »
— Sans pitié fut versé le sang des Innocents...

— Salut, fleurs des Martyrs ! Impuissante colère !
Mères qui les pleurez, au Ciel sont vos enfants ;
Et Jésus vous sourit dans les bras de sa Mère.

LA SAINTE FAMILLE
JÉSUS, MARIE, JOSEPH

Sagesse, vérité, grâce, lumière, amour,
Avec nous, l'Homme-Dieu vint habiter un jour.
Le Père épuise en lui les dons de la nature,
Afin qu'il soit la plus parfaite créature
De son bras, de son cœur et de sa volonté ;
Le divin idéal de notre humanité.
Il choisit ses aïeux, race illustre et royale.
Sur cette tige est née une fleur virginale,
Et la plus belle enfant des filles d'Israël.
C'est dans son chaste sein que naîtra l'Emmanuel.
Tel est le plan divin. Ainsi le veut le Père.
Son Fils sera l'enfant d'une très pauvre mère,
Ignorée, inconnue, et n'ayant pour tout bien
Qu'un époux, l'artisan Joseph, son gardien.
Dans la splendeur des cieux, Dieu veut d'autres louanges,
D'autres concerts que ceux des neuf chœurs de ses anges.
Son regard le plus doux, le plus puissant attrait
Pour son cœur, désormais, se trouve à Nazareth.
D'un amour infini, le Père considère
Joseph, se dévouant pour le Fils et la Mère,
Dans le voyage et le séjour à Bethléem ;
Et, plus tard, en exil, leur épargnant la faim.

L'Enfant, huit jours après l'heure de sa naissance,
Fut marqué du « signe légal » de l'Alliance,

Comme fils d'Abraham, et soumis à la loi
Du peuple d'Israël, comme Messie et roi ;
Et, surtout, du péché le vrai bouc émissaire.
Tel est le sens divin de ce sanglant mystère.
Il fut nommé Jésus, en ce jour solennel ;
Jésus, « sauveur », un nom que lui donna le Ciel.

Pour Marie et Joseph sonnent des jours d'alarmes.
Le quarantième voit couler de saintes larmes.
Selon la dure loi de Moïse, l'enfant
Portait une souillure à la mère, en naissant.
La Mère du Sauveur est pure, inviolée,
       Comme la goutte de rosée
Traversée au matin par un rayon vermeil
       Du soleil,
Mais, à la loi fidèle, et pour donner l'exemple,
Comme une pécheresse, elle vient dans le temple
Se courber sous une sanglante aspersion,
Afin d'obtenir sa Purification,
Humblement mêlée aux pauvres femmes immondes.
Après être bénie, elle offre deux colombes.
Alors, l'Enfant Jésus fut aussi présenté
Au temple, par Joseph, et par lui racheté.
Au Père, qu'importaient les grossières victimes ;
Qu'importe un vil métal. Pour expier nos crimes,
Il ne voit que son Fils. Le reste est sans appas.
Marie offre Jésus, qu'elle tient dans ses bras,
Quand Siméon évoque, en sa présence, un glaive
Qui transperce le cœur de notre nouvelle Ève.
Sa grande âme, à ce coup, bénira le Seigneur
D'être co-rédemptrice avec le Rédempteur,

Ensemble associés au divin Sacrifice ;
Appelée à l'honneur de boire à son calice.
Les saints époux, croit-on, quittent Jérusalem,
Pour aller habiter quelque temps Bethléem,
Où Jésus recevra la visite des Mages,
Leur généreuse offrande et leurs pieux hommages.

L'Étoile disparut, et l'exil fut leur sort.
« Pars », dit l'Ange à Joseph, pour éviter la mort.
Ils vécurent sept ans sur la terre étrangère
D'Égypte, plus que leur patrie hospitalière.
L'Ange dit à Joseph, quand vint l'heureux moment
Du retour : « Lève-toi, prends la mère et l'Enfant » ;
Et le saint patriarche est plein de confiance
Dans les desseins de la divine Providence
Qui le ramène enfin à son cher atelier.

Le Père y voit Jésus devenir ouvrier,
Tantôt aider Joseph, tantôt servir Marie,
Travailler avec eux, et prier quand ils prient :
Tableau familial d'admirable unité.
C'est la paix, le labeur, l'ordre et l'humilité.
Du bonheur le plus pur cette vie est l'image.
Une fois, cependant, Dieu permit qu'un nuage,
Dans trente ans, vînt troubler sa céleste douceur,
Tombant sur la famille et la blessant au cœur.

Jésus avait douze ans, et son obéissance
N'avait pas moins grandi que son intelligence.
C'était l'âge où le Juif devient « Fils de la loi ».
Voulant sacrifier la nature à la foi,

Jésus choisit l'époque où le peuple fidèle
De la Pâque observait la fête solennelle.
Il suivit ses parents, soumis, respectueux ;
Avec eux accomplit l'acte religieux.
Ils repartent sans lui, mais, dans la certitude
Qu'il les suit de très près ; et leur inquiétude,
Dieu le voulut ainsi, commence après un jour
De voyage. Il fallut renoncer au retour.
Gardons-nous d'accuser de quelque négligence,
Ou Marie, ou Joseph. Pensons à leur souffrance,
A leur nuit sans sommeil, à tout le jour suivant ;
Puis encore à deux jours, sans retrouver l'Enfant.
Car, à Jérusalem, vainement, ils cherchèrent.
Après trois jours, en proie à de cruels soucis,
Étant allés au temple, enfin, ils le trouvèrent,
Au milieu des Docteurs tranquillement assis.
Jésus les écoutait. De sa bouche divine,
Il les interrogeait, expliquait la doctrine
Avec autorité, force, précision ;
Trouvant une réponse à chaque question,
Pleine de profondeur, de grâce et de justesse.
Et chacun admirait sa précoce sagesse.
Mais, ayant vu Joseph avec sa mère en pleurs,
Il quitte promptement tous ses admirateurs,
Sourit à ses parents, leur parle et les embrasse.
Le Maître disparaît ; l'Enfant reprend sa place.
Marie, alors, usant de son autorité
De Mère, osa lui dire en toute liberté :
« Pourquoi, mon Fils, agir avec nous de la sorte ?
Nous vous cherchions tous deux d'un cœur bien affligé.
— Pourquoi me cherchiez-vous ? dit Jésus ; vous saviez
Qu'aux choses de mon Père il faut que je me porte. »

Admirable leçon que Jésus, à douze ans,
Fait à tous les parents, et donne à leurs enfants.
Chacun d'eux doit parfois, pour le divin service,
De la chair et du sang faire le sacrifice.
Voilà ce que Marie et Joseph ont compris.
— Et Jésus les suivit, de plus en plus soumis.
A Nazareth, on voit qu'en Jésus le Dieu cesse
De se manifester, pour que l'homme apparaisse ;
Qu'il grandisse en science, en sagesse, en vertus,
Avec les mêmes dons que Dieu donne aux élus.
Ainsi, durant trente ans, de jour en jour s'élève,
Sans trêve, sans arrêt, des Chrétiens le modèle.
Nazareth ! Nazareth ! Est-il un autre lieu
Plus béni par le Ciel, plus agréable à Dieu !

SAINT JEAN-BAPTISTE

Il descend d'Aaron. Son père est Zacharie,
Sa mère, Élisabeth. Par Jésus et Marie,
Dès le sein de sa mère il est sanctifié.
« Prophète du Très-Haut » : ainsi glorifié
Dans le *Benedictus*, cantique de son père.
Sa gloire est d'annoncer du Verbe la Lumière,
Comme un dernier écho de l'Ancien Testament,
Qui, venant du désert, retentit, éclatant,
Formidable, et plus beau que celui dont l'histoire

Du saint prophète Élie a gardé la mémoire.
S'il prêche la justice aux Grands, au peuple, aux rois,
Son austère vertu rend puissante sa voix.
De toute la Judée on accourt au baptême
De Jean...
    — Est-il le Christ ? qu'il le dise lui-même ?
On le proclamera, car il est attendu.
— Par lui le témoignage, en public, est rendu ;
Clair, loyal et précis, de parfaite droiture,
Et d'une humilité qui grandit sa figure.
Aux envoyés — dont la secrète mission
Était de s'informer de sa vocation —
Il répond sans détour, il confesse, il répète :
« Ni le Christ, ni Élie, ou quelque autre prophète;
Mais je crie au désert : les chemins tortueux
Vont être redressés, et tous les raboteux
Aplanis. Hâtez-vous de faire pénitence;
Vous verrez du Messie éclater la puissance.
Il est plus grand que moi : l'Agneau de Dieu ; le Christ.
Je baptise dans l'eau; lui, dans le Saint-Esprit.
Je suis le Précurseur indigne d'un tel Maître ;
C'est à Lui de grandir, à moi de disparaître.
Place à Celui de qui je tiens ma mission... »

A quelque temps de là, Jean fut mis en prison.
Hérode incestueux, Hérodiade infidèle,
Le livrent au bourreau, pour éteindre son zèle.

LE BAPTÊME DU CHRIST

Jésus avait atteint la splendeur des trente ans,
Il sort de Galilée. Et, tel qu'un pénitent
Implorant le pardon de la Bonté suprême,
Il vient publiquement demander le baptême,
Dans les eaux du Jourdain, à Jean le Précurseur.
Il y sera plongé, comme un simple pécheur.
Jean, d'abord, hésitait.
                          — Jésus dit : « La Justice
Dans sa perfection veut de toi cet office. »
— Grandiose tableau ! Pour la première fois,
Nous apparaît la Gloire ineffable des « Trois ».
Ici même, à Jésus, la Première Personne
Dit : « Mon Fils bien-aimé » : parole qui résonne
Pour affirmer très haut sa grande affection,
Et préluder à sa publique mission.
Tandis qu'on entendait cette voix éclatante,
Du ciel, une colombe, à l'aile frémissante,
Descendit sur le Christ. Sa parfaite blancheur,
Symbolisait à tous la pureté du cœur.
L'Esprit divin planait en même temps sur l'onde,
Ainsi qu'aux premiers jours, pour la rendre féconde ;
Lui donner la vertu d'enfanter le chrétien :
« Poisson du Christ », selon le mot de Tertullien.

LE CHRIST AU DÉSERT

Le divin pénitent, vient, après son Baptême,
Dans un affreux désert, nommé « la Quarantaine »,
Parce qu'Il ne quitta cet horrible séjour,
Qu'après avoir jeûné pendant quarante jours.
Le Maître, dans sa vie, offre à tous un modèle.
Montant jusqu'aux sommets de la mystique échelle
De Jacob, Il convie à gravir les hauteurs
Ceux qui doivent l'exemple, et surtout les pasteurs.
Puis, aux bas échelons, souriant, Il invite
Les tremblantes brebis, de la voix les excite ;
Les soutient d'une main, qui les caresse aussi.
Quel cœur assez ingrat ne dirait pas : Merci !
A son exemple, tous, membres de son Église,
Faisons régner l'esprit sur une chair soumise.
C'est la forte leçon du Maître et du Docteur,
Qu'illustre encor sa lutte avec le Tentateur.

LA TENTATION DU CHRIST

Le démon lui dira : « Qu'à ton ordre, la pierre,
Pour toi, se change en pain ! » Suggestion grossière,
Que méprise le Christ.
                    — « Pour apaiser sa faim,

L'homme, lui répond-il, a mieux qu'un peu de pain.
Dans la bouche de Dieu toute parole est vie.
La vraie, et qui, jamais, ne lui sera ravie,
Quand l'homme s'en nourrit avec humilité.
De pain, on vit un jour; d'elle, une éternité. »
— Repoussé, le démon l'attaque avec audace,
Une seconde fois. Il l'emporte et le place
Sur le temple, au pinacle, et lui dit : « De ce lieu,
Jette-toi donc en bas ; n'es-tu pas Fils de Dieu ?
Tous les anges du Ciel te doivent assistance.
C'est écrit... N'as-tu point entière confiance ? »
— Voilà mise en plein jour cette tentation
Dont la source est l'orgueil et la présomption.
— D'un mot, le Christ l'écarte et la fait disparaître :
« Tu ne tenteras pas le Seigneur-Dieu, ton Maître. »
— Par un dernier assaut, l'infernal séducteur,
Croyant mieux le tromper, se change en imposteur ;
Et, le transportant sur une haute montagne :
« Vois, dit-il, ces splendeurs : palais, cités, campagnes,
La terre et ses trésors. Tous ces biens sont à moi.
Je donne à qui me plaît. Écoute ! Ils sont à toi,
A toi, peuples et rois, je le répète encore,
Tous les trésors du monde, à toi, si tu m'adores. »
— « On adore Dieu seul, dit le Christ pénitent
Au monstre de l'orgueil... Retire-toi, Satan. »

L'ÉVANGILE

Comme on voit la terre embrasée
Boire les gouttes de rosée ;
Comme la fleur penchée, après la sombre nuit,
Cherche le doux rayon, s'ouvre et s'épanouit,
Au lever du soleil, se livrant tout entière
A sa bienfaisante lumière ;
Ainsi, la gémissante et pauvre humanité,
Pour étancher enfin sa soif de vérité,
Et secouer les fers de son état servile,
Voulait boire, à longs traits, du nouvel évangile
La céleste rosée et le divin rayon,
Annoncés par les grands prophètes de Sion.
Jean, le dernier de tous, avant sa mort cruelle,
Chante le messager de la « Bonne Nouvelle »,
D'une voix dont l'écho retentit au désert.
Celle du Christ ira convertir l'univers.
Il a le « don de Dieu », la grâce souveraine,
Qu'Il prêche et donne un jour à la Samaritaine.
Mais, il veut une foi sincère ; et dit : « Croyez.
Recevez mon baptême et vous serez sauvés. »
Négligeant les puissants, surtout les Nicodème,
Qui pourraient éprouver les frissons de la peur
D'une nouvelle vie et d'un nouveau baptême,
Il offre aux tout petits son message et son cœur,
Et fonde sur l'amour la « Nouvelle Alliance ».
Du « Royaume » Il exclut et colère et vengeance,
Haine, orgueil, égoïsme, envie, impureté.

Sa religion est : « Esprit et Vérité.
La souffrance lui plaît, quand c'est pour la Justice ;
Il veut dans ses amis l'esprit de sacrifice ;
L'effort quotidien contre la passion
Coupable. Il veut du bien la noble ambition :
Point de ce bien grossier, qui, sorti de la terre,
Y retourne, s'y rouille et retombe en poussière.
Que toute volonté se tourne vers le Ciel,
Et commence ici-bas son hommage éternel ;
Qu'à tout moment du jour monte notre prière
Jusqu'à Dieu. Tel, l'enfant qui s'adresse à son Père
Tout-Puissant, et qu'il sait en même temps très bon.
Et lui, l'« Agneau de Dieu » payera la rançon
Pour les péchés de tous et notre délivrance.
Il ajoute à la Foi vivante l'Espérance.
Avec Lui, nous vaincrons le monde et Lucifer.
Il nous ouvre le Ciel, nous sauve de l'enfer ;
En un vase d'honneur change un vase d'argile...
— Comment ne pas aimer le Dieu de l'Évangile !

LES MIRACLES DU CHRIST

Jésus aime beaucoup la vie
Rayonnante, avec la santé ;
Il est venu chasser-la triste maladie,
— Surtout, celle qui frappe au cœur l'humanité — ;
Guérir sa blessure profonde,
Réconforter le pauvre monde,

Dont la prière est humble et sereine la foi ;
Criant : « Fils de David, ayez pitié de moi ! »
Il ne se sert jamais de sa toute-puissance,
Par ostentation et par vaine jactance.
Miracles de pitié, d'ardente charité,
Ou qui servent de preuve à sa divinité.

— Il chasse les démons du cœur de Madeleine,
Et de la fille de l'humble Chananéenne ;
D'hommes infortunés, qui, soumis à leurs lois,
Erraient près des tombeaux, sur les monts, dans les bois.

— Pendant la nuit, tandis qu'une horrible tempête
Pousse l'eau dans sa barque, il est calme, et la tête
Sur le bossoir, il dort...
                    Au plus fort du danger :
« Maître, nous périssons, dit chaque passager,
Sauvez-nous ! » Il s'éveille. Et le flot qui menace
S'incline à sa parole, et retourne à sa place.
On n'entend plus hurler l'ouragan déchaîné.
Mais c'est la mer paisible, un ciel rasséréné.
Et tous de s'écrier : « Quelle est donc la puissance
D'un Maître, à qui tout rend semblable obéissance ! »
— Quand le centurion — dont la sublime foi
Est rappelée, après l'*Agnus Dei*, trois fois —
A vu son serviteur dans un péril extrême,
Il implore le Christ, la ressource suprême.
« J'irai, lui dit Jésus...
                    — Maître, je ne suis pas
Digne que ma maison ait l'honneur de vos pas.
Il vous suffit, Seigneur, d'une seule parole ;
Mon serviteur sera guéri... Moi, dont le rôle

Est d'obéir, je sais commander un soldat.
Il vient, si je dis : Viens ! Il va, quand je dis : va ;
Fais ceci ; il le fait... »

        A tant de confiance :
« Ta foi, répond Jésus, aura sa récompense.
Va... »

      Le Bon Maître, ainsi, guérit le serviteur
Du Romain plein de foi, de l'homme plein de cœur.

LA FILLE DE JAÏRE

Combien Jésus aime l'enfance ! Un jour, un père
Se jette à ses genoux, pleure et se désespère.
C'est Jaïre qui vient lui conter son malheur.
Sa fille était mourante. Aussitôt, le Sauveur
Le suit. Mais, en chemin, la nouvelle fatale
Sur le cœur paternel tombe comme rafale,
Et détruit tout l'espoir du père infortuné.
— « Elle est morte ! A douze ans !... me voilà condamné
Au malheur pour toujours !...

         — Non, garde l'espérance,
Dit Jésus ; crois en moi ! »

        Il va, voit l'assistance
Bruyante... l'un jouait, l'autre pleurait, dehors ;
Mêmes scènes dedans...

      « Sortez tous, elle dort,

Dit le Maître, un sommeil à son corps salutaire.
Plus de cris ni de pleurs ! Venez seuls, père et mère ! »
Jésus entre, avec eux, Pierre, Jacques et Jean,
Dans la chambre où la mort avait fauché l'enfant.
Et, tenant par la main la petite endormie,
Dit : « Thalitha Zumi » ! C'est la parole amie,
Divine : « Lève-toi, jeune fille ! »

                                                    — O bonheur !
La morte, ouvrant les yeux, obéit au Sauveur.

LE FILS DE LA VEUVE DE NAÏM

Le divin messager de la « Bonne Nouvelle »,
Un jour s'étant trouvé près de « Naïm la Belle »,
Vit une grande foule accompagner le deuil
D'une femme qui pleure, en suivant un cercueil.
— « Pauvre mère, disait la foule sympathique ;
Après son cher mari, voici son fils unique !
Plus de bonheur pour elle. » Ému, le bon Sauveur
Lui dit : « Ne pleurez plus », avec un si grand cœur,
Que la mère a les yeux pleins d'espoir qui rayonnent,
— Lui toucha le cercueil : « Jeune homme, je l'ordonne,
Lève-toi !... »
                        Le jeune homme, à sa voix, se leva
A l'instant, et du haut de son cercueil parla.

— Jésus, l'ayant sauvé de cette froide bière,
D'un geste gracieux le rendit à sa mère.

LA RÉSURRECTION DE LAZARE

Jésus a fait revivre un jeune homme, une enfant.
Il réserve à l'ami le miracle éclatant.
N'ayant que peu de jours à passer sur la terre,
Ouvertement Il prêche aux Juifs le grand mystère
De sa religion : c'est sa divinité :
« Entre mon Père et moi, parfaite est l'unité. »
On veut le lapider. Il quitte la Judée,
Et, pour un peu de temps, se retire en Pérée,
Au delà du Jourdain; là, dans ce même lieu
Où Jean disait de Lui : « Voici l'Agneau de Dieu ».
Le jour était venu de faire œuvre divine
Pour donner à la foi sa plus forte racine,
Et briser tout orgueil. — On vient dire au Seigneur :
« Celui que vous aimez est malade, Seigneur. »
L'ami, c'était Lazare, au bourg de Béthanie,
Maison hospitalière, où, Marthe avec Marie,
Ses deux sœurs, l'ont reçu souvent. Dans leur chagrin,
Leur pensée, aussitôt, vole à l'hôte divin.
Mais, sans émoi, le Maître accueillit la nouvelle :
« Ce n'est que maladie ; elle n'est pas mortelle,
Dit-Il au messager qui devait repartir ;
A ma gloire plutôt elle doit aboutir. »

Après deux jours entiers passés dans la contrée,
Aux disciples il dit : « Retournons en Judée.
Notre ami du sommeil a besoin de sortir.
— Les Juifs renoncent-ils à vous faire mourir,
Maître ? Ne donnez pas suite à votre pensée.
Puisque Lazare dort, sa vie est assurée.
— Vous n'avez pas compris de quel sommeil il dort.
Cette fois, je vous dis clairement : « C'est la mort ».
De marcher dans la nuit nul ne peut nous contraindre.
Partons ! Quand luit le jour, l'écueil n'est point à craindre. »
Jésus voyait déjà le toit hospitalier,
Quand, au-devant de Lui, Marthe accourt la première.
Puis, avec des soupirs, il l'entend s'écrier :
« Que n'êtes-vous venu plus tôt guérir mon frère,
Seigneur. Mais, je le sais, vous pouvez demander
Tout à Dieu qui se plaît à tout vous accorder.
— Ton frère vivra, Marthe...
                            — Au dernier jour, mon Maître,
Il doit ressusciter, et devant Dieu paraître.
— Quiconque croit en moi, serait-il mort, vivra ;
Celui qui vit et croit, jamais plus ne mourra ;
Car, je suis à jamais, et pour toute la terre,
La Résurrection, la Vie et la Lumière.
Crois-tu cela ?
                — Seigneur, oui, je crois fermement
Que vous êtes le Christ, le Fils du Dieu vivant. »
Et, prompte, elle va dire à sa sœur la nouvelle,
A voix basse : « Hâte-toi. C'est le Maître... Il t'appelle. »
Marie était restée assise, à la maison.
Elle se lève et sort, pleine d'émotion.
Les Juifs qui, ce jour-là, pour consoler Marie
Et Marthe, étaient venus nombreux à Béthanie,

Pensèrent tout d'abord qu'elle allait au tombeau,
Auprès de son cher frère y pleurer de nouveau.
Non. Sa grande douleur et son amour extrême
La jetaient vivement aux pieds de Jésus même ;
Et, d'une voix brisée, à travers les sanglots,
Elle disait, pleurant toujours, ces simples mots :
« Seigneur, votre présence eût sauvé notre frère !
O Maître, ayez pitié de mon humble prière. »
Vainement ses amis voulaient la consoler.
Eux-mêmes ne pouvaient s'empêcher de pleurer.
Jésus, à ce spectacle, a frémi dans son âme.
Et des larmes brillaient dans ses yeux pleins de flamme.
« Voyez, disaient les Juifs, voyez comme Il l'aimait ! »
Quelques esprits méchants, néanmoins ricanaient,
Inspirés par la haine ou par la jalousie.
« Que n'est-il donc venu guérir sa maladie,
Lui, de l'aveugle-né, dit-on, le guérisseur ?
S'il ne sait que pleurer, ce n'est qu'un séducteur ! »
— A cette foule, qui, de partout accourue,
Était, en ce moment, profondément émue,
Jésus s'adresse et dit : « Où donc l'avez-vous mis ? »
— « Venez, Maître, et voyez », répondent les amis.
En allant au tombeau, Jésus frémit encore.
Et Marthe, avec Marie, à chaque instant, l'implorent,
Et font appel à sa puissance, à sa bonté.
— Devant le monument chacun s'est arrêté.
Là, depuis quatre jours, le cher défunt repose,
Et, malgré les parfums, son corps se décompose.
« Otez la pierre », dit le Maître de la Mort.
Le Fils de Dieu commande : « Ami Lazare, sors ! »
— Et Lazare obéit ; et la foule, ravie,
Voit paraître le mort plein de force et de vie.

LA RÉDEMPTION

Rédemption ! ô sublime mystère !
Le plus grand qu'ait jamais contemplé notre terre.
    Drame à la fois humain
        Et divin !
A Nazareth, voyez paraître son aurore,
    Et Bethléem le voit éclore ;
En Palestine il croit par mille actes divers.
Là, Jésus lutte avec ses ennemis pervers.
Jérusalem la Sainte est la cité choisie,
    Entre toutes bénie,
Où se fait pour tout peuple et toute nation,
Dans le sang et la mort, notre Rédemption.

Le Cénacle.

Il vient d'instituer le Pain eucharistique,
De son amour divin le gage symbolique.
Et, pour perpétuer ce don sacramentel,
Il crée un sacerdoce, et son premier autel,
Au cénacle où, de chaque Apôtre, il fait un prêtre.
Après le Jeudi Saint, le Christ peut disparaître,
Visiblement, du monde. A partir de ce jour,
Il a vaincu la Mort par son divin amour.
Le voici désormais le Grand Prêtre et l'Hostie ;
Vraiment le Pain de Vie, en son Eucharistie :
Sacrifice accompli jusqu'à la fin des temps :
Banquet spirituel de tous les militants.

Gethsémani.

Il quitte le Cénacle, après son sacrifice
Mystique, pour aller au plus cruel supplice ;
Traverse le Cédron, vient à Gethsémani,
Subir d'un cœur blessé le tourment infini.
« Priez ici », dit-il à huit de ses Apôtres,
Entrés dans le jardin des oliviers géants.
« Et vous, dit-il aux trois, plus chéris que les autres
Vous, priez près de moi, plus que jamais fervents. »
— C'était Jacques et Jean, et le chef de tous, Pierre —.
Puis, à cent pas plus loin, il se met en prière.
Là, sous son clair regard, passe un sombre tableau
De tout le mal ancien, et de tout le nouveau,
Et du mal à venir, jusqu'à la fin du monde...
Il voit du cœur humain la malice profonde...
... De tristesse accablé, d'angoisse et de terreur...
Révolte de la chair, des sens... Mais, le Sauveur,
Garde sa volonté, qui reste tout entière
Aveuglément soumise aux ordres de son Père.
« O Père ! Ce calice, écarte-le de moi !...
Non, pas comme je veux; mais, comme tu veux, Toi. »
— Spectacle déchirant de sa nature humaine,
En lutte avec le fond de son âme sereine.
Lutte sévère, ardente, et, sans doute, douleur,
Qui, plus qu'un mal physique, a torturé son cœur.
Or, si grande que soit sa force, elle est finie :
A terre prosterné, durant cette agonie,
Du visage et des mains et de son corps sanglants
S'échappent la sueur et le sang ruisselants.

5

Trois fois le Fils de Dieu se tourne vers son Père.
Trois fois jusqu'à son trône arrive la prière :
« O Père ! ce calice, écarte-le de moi !...
Non pas comme je veux; mais, comme tu veux, Toi. »
— Le Père, enfin, fait droit à sa persévérance.
Un ange le relève et lui prête assistance.
Jésus a retrouvé la paix, le réconfort.
Et le calme est venu pour affronter la mort.
— Tandis qu'Il combattait, que faisaient les Apôtres ?
Les plus près de Jésus, aussi bien que les autres,
Dormaient un lourd sommeil. En vain, sa douce voix
Est venue les tirer de leur torpeur trois fois :
« L'Esprit, dit-Il, est prompt, mais faible la nature,
Qui se laisse tenter par toute créature.
Apprenez donc de moi qu'il faut, pour résister
A la tentation, et veiller et prier. »
Enfin, pris de pitié : « Dormez », dit le bon Maître.
— Mais, il était trop tard. Voici Judas, le traître.

Trahison de Judas.

L'indigne apôtre, après avoir vendu son Maître
Trente deniers, le livre aux valets du grand prêtre.
Mais, il a demandé, car il craint les combats,
Pour agir à coup sûr, la troupe des soldats.
Les uns ont des bâtons, les autres, des épées.
Et, puisqu'ils ont choisi la nuit, pour l'équipée
Honteuse, ils sont munis de torches, de flambeaux,
De lanternes. Lui, fier de ses titres nouveaux,
De traître et d'apostat, s'avançait à leur tête.
Pour souffrir tant d'horreur la victime était prête.

« Allons », dit-Elle, à ses disciples endormis,
Levez-vous ; suivez-moi. Voici mes ennemis. »
— Au sortir du Jardin est la célèbre grotte
Où se trouve Jésus, quand vient l'Iscariote,
Qui connaissait ce lieu servant de rendez-vous
Aux Apôtres. Judas, perfide jusqu'au bout,
Affectant un profond respect, dit : « Salut, Maître ! »
— C'est en disant ces mots qu'il l'a baisé, le traître.
« Mon ami, dit Jésus, dans quelle intention ?...
... Quoi ! Judas, un baiser, signe de trahison ! »

L'arrestation de Jésus.

« Qui cherchez-vous ? » dit-Il aux soldats. Ils répondent :
« Jésus de Nazareth.
                         — C'est moi... »
                                      Tous alors tombent
A terre, renversés...
                         Une seconde fois :
« C'est moi, vous ai-je dit... »
                                      — Tous, à la même voix
Divine, qui fit naître, un jour, la créature,
Reprennent de nouveau leur naturelle allure,
Devant un humble Agneau qui veut être lié.
« De mes amis, dit-Il, soldats, ayez pitié. »
— Or, Pierre, au même instant, brandissant une épée
Frappe un valet, Malchus, dont l'oreille est coupée
Jésus, du serviteur le Bon Samaritain,
Le guérit aussitôt par un geste divin.

Puis, invoquant la loi de Justice suprême :
« Qui frappe de l'épée, on le frappe de même,
Dit-il à Pierre. Non, je ne souffrirai pas
Pour ma cause, aujourd'hui, de stériles combats.
Qu'il me serait aisé de demander au Père,
Que les anges du Ciel descendent sur la terre !
Mais, serais-je le Christ des oracles divins ?
Par mon sang répandu le Sauveur des humains ? »
Tous ceux qui l'entendaient furent saisis de crainte.
Enfin le divin Maître exhala cette plainte,
Qui rendit furieux et fit grincer des dents
Quelques pharisiens, ses ennemis ardents :
« Vous qui veniez, dit-il, j'en garde souvenance,
Dans le temple, toujours, grossir mon assistance,
Pourquoi ne pas, alors, mettre sur moi les mains ?
Accomplir bravement, en plein jour, vos desseins ?
Mais, avec ces bâtons, vous me donnez figure
De malfaiteur. Pourquoi me faire cette injure ?
Ah ! vous accomplissez l'ordre venu du Ciel !
J'adore les décrets de mon Père éternel ;
Et je me livre à la puissance des ténèbres.
Mais épargnez ceux-ci, mes amis et mes frères. »
— Jusqu'au dernier moment, fidèle à l'amitié,
Il sauvera les siens, avant d'être lié.
Les Apôtres, voyant que la Sainte Victime
Se livre, ne font rien pour empêcher le crime ;
Et, mettant à profit les ombres de la nuit,
Sans un geste d'adieu, honteusement s'enfuient.

Les grands prêtres Anne et Caïphe.

Jésus, lié, paraît devant les deux pontifes,
Anne, l'ancien grand prêtre, et le nouveau, Caïphe,
Anne est un vieux renard, avant tout satisfait
D'avoir si bien mené son horrible forfait.
Grâce à son savoir-faire, on a mis sur le Maître
La main, à très bon compte, avec l'aide d'un traître.
Il va l'interroger. Si Jésus répondait
A ses vœux, ce serait un triomphe complet.
« Parlez ! A quelles gens s'étend votre influence ?
Parlez, Maître, parlez en toute confiance. »
— Jésus a vu le piège. Il trahirait les siens,
Lui qui, tantôt, venait de les combler de biens !
Il se tait. Irrité, le grand prêtre termine
Par une question brusque sur la doctrine.
« Pourquoi m'interroger sur mon enseignement ?
Dit Jésus; j'ai parlé toujours publiquement.
Voyez mes auditeurs, cela vous est facile.
Moi, vous répondre ? Non, car c'est trop inutile. »
Anne voit tristement échouer son projet.
Alors vient l'incident de l'infâme soufflet
Donné par un huissier, au Maître, en plein visage,
En disant : « Vous osez tenir un tel langage
Au grand prêtre ?...
                        — Fais voir que j'ai mal répondu :
Mais, si j'ai bien parlé, pourquoi me frappes-tu ? »
Ainsi répond le Maître, au nom de la Justice.
— Anne ayant épuisé tout son vain artifice
Envoie au Sanhédrin le doux Sauveur lié :
Par là, son sentiment était signifié.

Le Sanhédrin condamne Jésus à mort.

Caïphe présidait. Et l'on avait, d'avance,
Choisi des faux témoins, préparé la sentence.
Fait providentiel, des témoins la leçon
Se trouve en désaccord et contradiction,
Si bien qu'il résultait de tous leurs témoignages
Pour la noble victime un éclatant hommage.
L'histoire a retenu celui de deux témoins
Qui se trouvaient d'accord presque sur tous les points :
« L'homme a bâti le temple : or, Lui, veut le détruire,
Dit-il, et, dans trois jours, il peut en reconstruire
Un autre, qui n'est pas œuvre d'homme.
                                        — Réponds !...
Quoi ! tu ne réponds rien à l'accusation ? »
— Le silence du Maître exaspérait Caïphe,
Pesait comme un remords sur le cœur du pontife.
Il se lève, et, prenant l'air le plus solennel :
« Je t'adjure, dit-il, au nom de l'Éternel.
Es-tu le Fils du Dieu vivant, auteur du Monde ? »
— Le grand prêtre a posé la question profonde.
Envisageant la mort avec sérénité :
« Je le suis, dit Jésus, Je l'ai toujours été ;
Vous me verrez, assis à la droite du Père,
Un jour, venir juger les hommes de la terre. »
— Le Grand-Prêtre déchire alors son vêtement :
« Voilà, que vous en semble, un blasphème évident ?
— Oui, dirent tous les Juifs, ce n'est que la mort même
Qui pourra le punir de l'horrible blasphème. »
Aussitôt on les vit, poussés par la fureur,
Se changer en bourreaux, cracher sur le Sauveur,

Le frapper de leurs poings, lui crier : « Anathème !
A mort celui qui veut s'égaler à Dieu même ! »

Hérode et Pilate.

Une seconde fois, et dès le grand matin,
Caïphe réunit les gens du Sanhédrin.
La sentence de mort dans la nuit prononcée,
Nulle légalement, fut par eux confirmée.
La faire exécuter n'est plus de leur ressort,
Ayant perdu le droit et de vie et de mort,
Depuis que la Judée est province romaine.
Pilate sera-t-il l'instrument de leur haine ?
Il est le gouverneur, le Juge tout puissant,
De qui dépend le sort de Jésus innocent.
Conduit au tribunal, ils sortent sur la place
Du prétoire où, bientôt, la plèbe se ramasse.
« De quoi l'accusez-vous ? dit le procurateur ?
— Te l'aurions-nous livré, s'il n'était malfaiteur »,
Répondirent les Juifs.
                        — Outré de l'insolence
De ce langage : « Eh bien ! appliquez la sentence
Vous-mêmes, leur dit-il, et selon votre loi.
Je ne peux condamner, quand j'ignore pourquoi. »
— De Pilate la vive et la juste réplique
Ne troubla nullement la troupe fanatique.
« Toi seul, nous le savons, peux décider du sort
D'un homme qui, chez nous, a mérité la mort ;
Qui défend de payer tout tribut équitable
A César, dont il est l'ennemi redoutable,
Car il s'est proclamé Christ-Roi. La nation

Se soulève à sa voix et par son action. »
— Tous ces mots, inspirés par la haine et l'envie,
Étaient ou vil mensonge, ou pure hypocrisie.
Mais on savait Pilate accessible à la peur.
Convaincre sa raison? Non. Déprimer son cœur.
Le Juge, intimidé, rentrant dans le prétoire,
Avec Jésus commence un interrogatoire :
« Es-tu le roi des Juifs?

                  — Cela vient-il de toi,
Dit Jésus ; penses-tu que je veux être roi?
Un roi sans serviteur? En est-il sur la terre?
Mon Royaume est d'En Haut... Et c'est là le mystère. »
— En entendant Jésus, le sceptique railleur
Et l'homme positif le prit pour un rêveur.
« Tu es donc roi », fit-il, sur un ton sarcastique.
— Jésus, sans prendre garde à sa voix ironique :
« Tu l'as dit, je suis Roi; je l'ai toujours été.
Quiconque entend ma voix est dans la vérité.
Je lui rends témoignage aujourd'hui dans le monde. »
Parole lumineuse, instruction profonde.
Pilate l'entendra, sans nul fruit pour son cœur.
« Qu'est-ce, la Vérité? » dit-il, toujours moqueur.
Puis, emmenant Jésus, il dit hors du prétoire :
« Cet homme est innocent ! »

                — Le nombreux auditoire,
Et, notamment, ceux du parti Sadducéen,
Criaient tout leur mépris pour ce « Galiléen ».
« Il est Galiléen? Qu'on le mène à Hérode »,
Dit Pilate, enchanté...

             — ... Court mais triste épisode !
Jésus, en face d'un des plus vils potentats,

Le laisse parler seul ; Lui, ne répondra pas.
Le prince, pour venger l'affront d'un tel silence,
Le présente à sa cour, comme atteint de démence,
Affublé d'un manteau d'éclatante blancheur.
— De nouveau, chez Pilate on conduit le Sauveur
Qui reste travesti, tel qu'un roi de théâtre,
Et sert d'amusement à la troupe folâtre.
Que fait le gouverneur pour sortir d'embarras ?
Nouvel expédient. Il songe à Barabbas.
Barabbas, arrêté pour meurtre et violences !
Jésus et Barabbas dans la même balance !
Mais son esprit ne voit nulle offense en ce choix.
Le peuple pourrait-il hésiter cette fois ?
Fier de cette trouvaille et sans dégoût, il ose
Au peuple proposer la monstrueuse chose.
« Selon l'usage, à Pâque et comme l'an dernier,
Je veux encor vous délivrer un prisonnier,
Et vous proposerai de choisir, ou cet homme
Qui se dit votre roi, ou l'assassin qu'on nomme
Barabbas. Voulez-vous Jésus ou Barabbas ?
— Nous voulons Barabbas » dit le peuple. Bien bas,
D'abord, son cri devient de plus en plus hostile.
La foule est moutonnière, et ce fut trop facile
A de mauvais bergers, aux gens du Sanhédrin,
De faire préférer à Jésus l'assassin.
« Crucifiez le Christ ; il est juste qu'il meure.
A mort, à mort le Christ ! »
                              — O Pilate, est-il l'heure
De pérorer ? Ah ! non. C'est perdre le Sauveur.
Chaque mot de ta bouche enflamme leur fureur
Expédient nouveau. Ce juge méprisable
Le proclame innocent et le traite en coupable.

Dans le lâche Romain l'imagination
Voit grandir à sa porte une sédition.
« Qu'on flagelle le Christ ! Par ce supplice horrible
La pitié renaîtra dans la foule sensible. »
A son ordre, en public, le Sauveur dévêtu
Par les soldats romains est de verges battu.
Brutalement lié au pied d'une colonne,
Son corps ensanglanté se déchire et frissonne.
Il paraît défaillir, tant les coups l'ont brisé :
A peine est-il debout, sur son front enfoncé
Par de cruels bourreaux que la haine aiguillonne,
Un buisson épineux doit servir de couronne.
La chlamyde écarlate est son royal manteau.
Dans sa main droite, il tient comme sceptre un roseau.
Pour jouer jusqu'au bout l'ignoble parodie,
Chaque soldat, pliant les genoux, balbutie :
« Salut, ô Roi des Juifs ! » Et, pour comble d'horreur
Soufflets, coups et crachats pleuvent sur le Sauveur.
Pilate, en cet état, l'emmène hors du prétoire.
Il le présente, orné du manteau dérisoire,
Le diadème au front, le roseau dans la main :
« Voilà l'Homme ! » dit-il, à ce peuple inhumain,
Qui menace. Et déjà tremble le misérable.
« Ennemi de César ! dit la foule implacable ;
Complice de Celui qui veut se faire roi !
César dira bientôt ce qu'il pense de toi.
— Je me lave les mains du sang de la victime
Innocente, dit-il ; vous répondrez du crime.
Voyez !...
            — A mort, le Christ ! Nous voulons que son sang
Retombe sur nous tous et sur tous nos enfants. »
En vain l'eau coulera sur les mains de ce lâche :

Son nom reste flétri d'une éternelle tache.
Les Juifs ont gain de cause. Il cède à leur fureur,
Et condamne à la mort de la croix le Sauveur.

Le Golgotha.

Des croix, dans le prétoire, attendaient, préparées,
Qui par trois condamnés devaient être portées,
Jusqu'au lieu du supplice, avec l'inscription
Indiquant le motif de condamnation.
Deux insignes larrons consommés dans le crime
Seront les compagnons de la Sainte Victime.
Elle monte au Calvaire entre les scélérats,
La lourde croix sur son épaule ; et, des soldats,
Ses bourreaux, sans répit, la pressent, la harcellent.
Mais, Elle, à tout moment, sous le fardeau chancelle
Et, douloureusement, tombe à terre trois fois.
Trois fois, avec amour, Elle reprend sa croix.
Rien ne peut ébranler son sublime courage.
Sans murmure, Elle entend la foule qui l'outrage :
« N'est-ce pas celui qui commandait à la Mort ?
Eh ! quoi ! n'a-t-il donc pu se faire un meilleur sort ? »
— Le soleil répandait sa plus chaude lumière
Sur l'Homme-Dieu, couvert de sang et de poussière,
Ruisselant de sueur, marchant avec lenteur.
Ainsi, le voit sa mère. Un glaive de douleur
La transperce. Mais, forte, elle boit au Calice
De son Fils et s'unit au même sacrifice.
Jésus la reconnaît ; son regard la bénit.
A quelques pas plus loin. il défaille, il blêmit.

Pourront-ils l'emmener vivant sur le Calvaire
S'il porte seul sa croix ? C'est chose téméraire.
La haine les inspire et les rend clairvoyants.
Un robuste étranger revenait de ses champs ;
D'aider à la porter il fut chargé d'office,
Et de suivre Jésus jusqu'au lieu du supplice ;
Car, sur la croix, là-haut, clouer cet imposteur
Est pour eux, semble-t-il, le suprême bonheur.
Avec lui, le Sauveur arrivait à la cime
Du chauve Golgotha, sur ce rocher sublime
Qui doit boire son sang. Aussitôt dépouillé,
A la croix on le pend, brutalement cloué...
Les Juifs s'arment alors d'ironie et de haine :
« Où donc est ta puissance, au-dessus de l'humaine ?
Montre-la, maintenant. Descends de cette croix. »
Prêtres, pharisiens, méprisants et narquois :
« S'il est le Fils de Dieu, qu'il se sauve lui-même ! »
— Les soldats veulent rire, et leur bouche blasphème.
L'un même des larrons lui dit d'un ton moqueur :
« Es-tu le Christ ? Allons, fais-toi notre Sauveur ! »
Jésus, à ces propos méchants, à l'arrogance,
Au mépris des bourreaux, répond par le silence,
Ou, par un mot divin, par le mot du Pardon :
« Père, pardonnez-leur : savent-ils ce qu'ils font ? »
Sensible à tant d'amour, le bon larron s'étonne.
Il admire celui qui sur la croix pardonne.
De tout son cœur il croit à ce Christ méprisé,
Reprend son compagnon. Cette foi l'a sauvé.
— Cependant le Sauveur allait quitter la terre.
Debout près de la croix, priaient sa tendre mère
Et Jean, l'ami fidèle. Il veut, en ce moment
Suprême et solennel, clore son testament :

« Femme, voici ton Fils ; Frère, voilà ta Mère ! »
L'Apôtre figurait la race humaine entière.
Tous, enfants de Marie et frères de Jésus !
Après ce dernier legs, pouvait-il faire plus ?
— Oui, plus, infiniment; l'Acte de la Justice
Divine...
      — Il l'accomplit sur sa croix rédemptrice,
Par sa mort : ayant vu que tout est consommé,
Au Père, Il rend son âme — et le monde est sauvé.

Le Christ au tombeau.

Versez, versez la joie à mon âme inquiète,
Astres du ciel, chassez les nuits sombres. Soleil,
D'un bonheur sans nuage éclaire mon réveil.
Bercez-moi, rêves d'or, au sein de la tempête.

Donnez, donnez l'Amour à mon cœur palpitant,
Voix, regards et baisers, signes de la tendresse.
Dans un monde enchanteur que je boive l'ivresse...
... Jouir, jouir toujours... Eh quoi ! Si peu de temps ;

— Éphémères plaisirs des biens de la nature !
Homme, n'y cherche pas ton destin le plus beau.
Pour dire le secret de notre vie obscure,
Le Christ enseveli va sortir du Tombeau.

L'AME DU CHRIST AUX LIMBES

De la Croix détaché
Le corps du Christ, à la nuit close,
Sur un lit de parfums repose
Dans un sépulcre neuf, sous le creux du rocher,
Sans être séparé de sa divinité.

Le Juste, de l'enfer aujourd'hui racheté,
Aux Limbes attendait l'heureuse délivrance
Depuis le doux Abel, de parfaite innocence,
Jusqu'à ce bon larron, à qui Jésus a dit :
« Tu seras avec moi, ce soir, au Paradis. »

Fidèle à sa charitable parole
Libre de tout lien, l'âme du Christ s'envole
Vers les pieux captifs de cet auguste lieu,
Par la foi consolés, et par l'espoir en Dieu ;
Mais privés du bonheur suprême
De le voir, de l'aimer, d'en jouir, au Ciel même.

Son âme Sainte, unie à la divinité
Illumine ces morts de joie et de clarté.
Ils voient du Tout-Puissant le « Signe de Victoire »,
Magnifique étendard de leur procession,
Porté par le Sauveur en son Ascension.

Tel est l'objet de ce divin Message.
Sa présence et sa voix en sont l'heureux présage.

Quarante jours encore ! De la race d'Adam
Les élus sortiront tous du « sein d'Abraham ».

Au premier rang, patriarches, prophètes,
Et Moïse, Isaïe et David, interprètes,
Figures du Messie et ses propagateurs :
De la religion les plus grands défenseurs,
    Et les observateurs fidèles.

Encor plus haut, portant les palmes les plus belles,
Brillent deux noms sacrés : c'est Jean, le Précurseur,
Et saint Joseph, le père adoptif du Sauveur.

LA RÉSURRECTION

Madeleine et les saintes femmes.

Le sépulcre est gardé par l'implacable haine
Qui n'est point satisfaite et n'a point oublié
Le surprenant défi du Grand supplicié.
On scelle le tombeau. La puissance romaine
Doit prêter ses soldats et se trouver d'accord
Avec le Sanhédrin pour veiller sur le mort.
Tout est si bien prévu par la force publique
Qu'un coup de main paraît chose trop chimérique.
Mais quel est le souci, le pieux sentiment
Des amis de Jésus ? C'est son embaumement,

D'abord, fait à la hâte; or, le jour luit à peine,
Quand Jeanne et Salomé, Marie et Madeleine
Quittent la ville avec leur précieux fardeau
D'aromates et de parfums. Près du tombeau
Elles pensent à la pierre fermant l'entrée,
En se disant : « Par qui nous sera-t-elle ôtée ? »
Tandis qu'elles parlaient, elles voient, ô stupeur !
La pierre renversée au tombeau du Sauveur.
— Peut-être est-ce un complot des Juifs ? un nouveau
                                        [crime

Que doit souffrir encor l'innocente victime ?
Le corps divin du Christ est, peut-être, jeté
Dans l'infect égout des cadavres lapidés ?
C'était légal. Et c'est la peur de Madeleine,
Qu'ils soient allés au bout de la malice humaine.
Elle court, transportée, avertir Pierre et Jean
Qui viennent au sépulcre, à son récit troublant.
Jean, premier arrivé, se penche, et voit à terre
Les linceuls. Par respect, il veut laisser à Pierre
L'honneur d'entrer d'abord. Avec son chef, il voit
Et linceul et suaire, et le « Bien-aimé » croit.
Pierre est resté pensif, surpris; comme si l'âme
Du disciple impulsif avait perdu sa flamme.

Les femmes à leur tour, triomphant de la peur,
Cherchaient, mais vainement, le corps de leur Sauveur
Et pleuraient... Quand soudain, deux anges apparurent
A leurs yeux, éclatants, sous d'humaines figures.
« Femmes, ne craignez rien, dirent-ils, mais voyez
Où reposait le corps du Christ que vous cherchiez.
Rappelez-vous ce qu'Il a dit en Galilée...
Aujourd'hui n'est-ce pas la troisième journée

Après sa mort? Celui qu'on a crucifié,
Comme Il l'avait prédit, Il est ressuscité !
Hâtez-vous d'avertir Pierre et tous ses disciples.
A tous, en Galilée, il se rendra visible. »

Madeleine et le Christ.

Madeleine revient au tombeau du Sauveur
Sous une impulsion d'amour et de douleur,
Près du sépulcre ouvert, sa tristesse s'épanche
Par d'amoureux sanglots; et puis, elle se penche
Sur le creux du rocher; lors, ses yeux, au dedans,
Voient deux anges assis, sous de blancs vêtements,
Où se trouvaient la tête et les pieds adorables.
Du tombeau vide ils sont gardiens redoutables.
Pour Madeleine, ils n'ont que mots pleins de douceur :
« Pourquoi pleurer, ô femme, et quel est ton malheur ? »
Elle, pleurant toujours : « Ils ont fait disparaître,
Et ne peux retrouver mon Seigneur et mon Maître ! »
Mais, en se retournant, — sans doute pour cacher
Le pieux sentiment qui la faisait pleurer —
Elle voit, elle entend un homme. A son oreille,
L'accent est plus suave et la question pareille :
« Femme, qui cherches-tu ? Pourquoi donc pleures-tu ?
— L'Homme qui lui parlait ainsi : c'était Jésus !...
Pour éclairer l'amour de son âme meurtrie,
Et la jeter aux pieds du Maître de la vie,
Un mot suffit au Christ, et ce mot fut : « Marie ! »

LES DISCIPLES D'EMMAÜS

Les femmes à la peur désormais étrangères
Du Christ ressuscité se font les messagères.
« Brebis errantes », ses disciples écoutaient
Leur émouvant récit et, troublés, hésitaient.
Deux d'entre eux, ce jour-là, s'en allaient au village
D'Emmaüs, tristement, sans force ni courage,
Et devisaient sur les récents événements.
Tandis qu'ils se livraient à leurs épanchements,
Survient un voyageur...
                         « Ah ! que votre figure
Semble triste! dit-il ; vous est-il, d'aventure,
Arrivé quelque mal ? Et quels sont vos discours ?
— Es-tu donc étranger ? ou bien, durant ces jours,
Absent de la contrée et de la ville Sainte,
Pour ignorer combien est juste notre plainte ?
— Quel est donc le sujet de votre émotion ?
— La mort du grand Prophète en qui la nation
Avait mis son espoir. Ses œuvres, ses miracles,
Nous ramenaient au temps des plus divins oracles.
Jésus de Nazareth semblait l'Élu du Ciel
Pour être le Sauveur du peuple d'Israël...
Mis à mort et pendu sur une croix infâme,
C'est le troisième jour qu'il a rendu son âme.
Et, pour mettre le comble à son funeste sort,
Par la main de nos chefs, il a subi la mort.
Il est vrai, nous avons quelques visionnaires
Qui nous font des récits bien extraordinaires.
Des femmes auraient vu le Christ ressuscité.

— Pourquoi vous attarder dans l'incrédulité ?
Tout n'est-il pas, dit-il, d'une façon parfaite
Clairement annoncé par chacun des prophètes ?
Depuis Moïse, tous ont vu la Passion
Du Sauveur précéder sa résurrection.
Et, qu'après une mort plus ignominieuse,
La résurrection serait plus glorieuse. »
Ils arrivent au bourg. D'aller plus loin il feint;
« Restez, insistent-ils, le jour touche à sa fin;
Il se fait tard. Restez. »

     ...Condescendant aimable,
Le voyageur les suit : Il s'assied à leur table,
Prend du pain, le bénit, et, puis, l'ayant rompu,
Leur dit : « Mangez...

    — C'est Lui !... »

       — Mais il a disparu

———————

PAQUES

Chantons la gloire
Et la victoire
De notre divin Rédempteur;
Qu'à tout fidèle
Pâques rappelle
De la mort le triomphateur.
Alleluia ! Alleluia !
Alleluia !

Les gardes, à l'aube naissante,
Courant aux chefs de la cité,
Annoncent, frappés d'épouvante
Que le Christ est ressuscité.

Dans la tristesse de leur âme,
Pour embaumer le corps divin,
Madeleine et les saintes femmes,
Du sépulcre ont pris le chemin.

Devant le tombeau, plus de pierre :
La merveille éclate à leurs yeux.
Et Madeleine, la première,
Contemple le Christ glorieux.

Au chef élu de son Église
Apparaît aussi le Sauveur.
Sa foi devient humble et soumise
Pour nous préserver de l'erreur.

« Paix avec vous », dit le Bon Maître
A ses disciples assemblés.
Sa parole a fait disparaître
Toute crainte, en leurs cœurs troublés.

« Thomas, désormais, sois fidèle »,
Dit Jésus dans ce même lieu.
Et l'incrédule, plein de zèle,
Répond : « Mon Seigneur et mon Dieu ! »

Chrétiens, gardons tous l'espérance
En Jésus-Christ ressuscité ;

Il est la divine assurance
De notre heureuse éternité
Alleluia ! Alleluia !
        Alleluia !

L'ASCENSION

Dans les quarante jours qu'Il passa sur la terre,
Avant de remonter plein de gloire, à son Père,
Le Christ avait pris soin de se manifester
A ses disciples. Tous l'ont vu, ressuscité,
Soit à Jérusalem, soit dans la Galilée.
Il les visite à part, ou dans une assemblée.
Beaucoup, même, avaient pu lui parler, le toucher
Il s'assied à leur table et demande à manger.
Sur les chemins poudreux, Il les suit en voyage ;
Pour les pêcheurs du lac, Il est sur le rivage.
Des brebis du bercail médecin et pasteur,
Il guérit leur tristesse et dissipe leur peur.
Son Apôtre, Thomas, ne croit pas au miracle ;
Avec condescendance Il revient au cénacle,
Et, lui montrant ses pieds, ses mains et son côté
Il le préserve enfin de l'incrédulité.
Il porte à tous la paix, le réconfort, le zèle.
Surtout, pour son élite, Il est le chef modèle.
A Pierre, qui sera le visible pasteur
Du troupeau tout entier, Il demande son cœur.

Et l'Apôtre, trois fois, lui disant : « Je vous aime »,
Le Christ lui donnera l'autorité suprême.
Par ces mots clairs : «Pais mes Agneaux; Paix mes Brebis».
Le troupeau tout entier doit lui rester soumis.
« Liez et déliez, les clefs vous sont remises »,
Dit-Il aux autres chefs de sa nouvelle Église,
Qui tombent à ses pieds, humbles, respectueux.
« Allez, ajoute-t-il, et prêchez en tous lieux;
Enseignez, baptisez partout — au nom du Père,
Du Fils, du Saint-Esprit — les peuples de la terre ;
Et donnez leur l'amour de mes commandements.
Avec vous je serai jusqu'à la fin des temps. »
— Au mont des Oliviers alors Il les emmène,
Et, les ayant bénis de sa main souveraine,
Sous un nuage d'or Il se voile à leurs yeux.
Déjà le Christ brillait de la Gloire des Cieux.
Tandis qu'Il s'élevait, les disciples, à terre.
Prosternés et muets, contemplaient ce mystère.

LE JUGEMENT DERNIER

De la Rédemption quand l'œuvre sera close,
L'Évangile connu de toute nation,
Pour sauver les élus de la séduction
De l'Antéchrist, viendra le jour d'apothéose.

Le jour où dans le ciel doit resplendir la croix
Qui sera pour les bons un signe de victoire,

Israël repentant, alors, lui rendra gloire.
Les méchants trembleront et sécheront d'effroi.

Près des tombeaux ouverts dans toutes les contrées,
La mort épouvantée et la nature en deuil,
Verront tous les humains sortir de leur cercueil,
Au formidable appel des trompettes sacrées.

Des Anges entouré, le Juge Souverain,
Le Christ, livré jadis à l'infâme supplice,
Viendra rendre à chacun la plus stricte justice,
Dans sa Toute-Puissance et son éclat divin.

Rien ne sera caché de toutes nos offenses;
Tous nos crimes seront au grand jour dévoilés :
Hélas ! à tous les yeux ils seront étalés,
Dans toute leur laideur, toutes leurs conséquences.

Aussitôt, se fera la séparation :
Les méchants, les impurs, les boucs abominables,
A gauche; les brebis, les purs, les charitables,
A droite du Grand Roi de la Sainte Sion.

Oh ! quel moment d'effroi, de stupeur, de silence
Quand le Souverain Juge, assis au tribunal,
Pour couronner le bien et pour punir le mal,
Enfin proclamera l'éternelle sentence !

« Venez, vous, mes élus, cœurs bons et généreux ;
Mon royaume est à vous, les bénis de mon Père.
De mon frère orphelin, prisonnier, malheureux,
Vous avez tant de fois soulagé la misère !

J'étais sous cet habit dont vous l'avez couvert.
J'ai mangé votre pain, trouvé bon votre asile... »
— « Et vous, qui, pour le Ciel, n'avez rien fait d'utile,
Allez, maudits, allez, pour toujours, dans l'enfer. »

LE SAINT-ESPRIT

O divin Paraclet, qui procèdes du Père
Et du Fils, leur amour ; Toi, du plus grand mystère
La Troisième Personne, et consubstantiel
Aux deux autres ; Egal, Tout-Puissant, Éternel ;
Salut ! O Créateur, Tu planas sur le monde ;
Et ton souffle rendit l'immensité féconde.
C'est Toi, Promis du Père, Envoyé de Jésus,
Le « Don » et le trésor des sublimes vertus.
Esprit de Dieu, c'est Toi que le Chrétien proclame :
Vérité, Sainteté, Force même de l'âme.

O Maître ! enseigne-moi toute la vérité.
De ton souffle puissant dissipant les nuages,
Délivre ainsi mon cœur des terribles orages
Et fais régner la paix et la sérénité.
L'erreur et le mensonge ont obscurci la terre.
La raison ? Un flambeau qui brille dans la nuit.
Sois le jour de mon âme et le soleil qui luit.
Aux splendeurs de la foi que ma route s'éclaire.
Sois l'illuminateur de mon esprit pesant ;
Fais-moi monter plus haut que la chair et le sang.

Esprit de Sainteté, sois le feu, sois la flamme,
La foudre qui détruit la passion infâme,
Et la grâce bénie inspirant à mon cœur
Pour le fruit défendu le dégoût et l'horreur.
Crée en nous des cœurs purs, des cœurs pleins de Toi-même.
Temples sanctifiés du feu de ton baptême,
Vases d'élection, dans ce monde nouveau,
Dominé par la croix, fondé sur un tombeau.

Hélas ! ô Vérité, chaque jour on t'outrage ;
Contre Toi, Sainteté, l'on blasphème avec rage.
Par crainte du combat, par amour de la paix,
Dois-je toujours céder à ce mal que je hais ?
Suffit-il de rester bien sage et bien fidèle;
De prier dans un coin, sans nul souci de zèle ?
Prétendons-nous avoir quelque esprit de ferveur,
Aimer la sainteté, la pureté du cœur,
Servir la vérité, dans le honteux silence ?
— Non ! vivre ainsi, serait indigne d'un chrétien
Baptisé dans le feu, qui ne doit craindre rien.
Méprisant les conseils d'une fausse sagesse,
Faisons revivre en nous l'apostolique ivresse.
Contre la lâcheté d'une âme sans ressort,
Esprit de Pentecôte, ah ! viens nous rendre forts.
Fais-nous prier, parler et souffrir pour les autres.
Inspire-nous le zèle enflammé des Apôtres.

L'ÉGLISE DE LA PENTECOTE

Le premier privilège et le plus grand honneur
De l'Église est d'avoir le Christ pour fondateur.
Pieusement il faut recueillir sa pensée,
Comme dans l'Évangile elle nous est tracée.
Allant tout droit au but, d'un bond prodigieux,
Il l'appelle souvent : « le Royaume des Cieux ».
Ici-bas, nul appui sur lequel il la fonde.
Dans ce sens, il dira qu'elle n'est pas du monde;
Mais, dans le monde, il veut la répandre en tout lieu
La faire triompher, avec l'Esprit de Dieu.
Dès son Ascension, cet Esprit de conquête
Se manifestera dans sa clarté parfaite.
Pour garantir sa force et sa stabilité,
A Pierre il donnera toute l'autorité.
Pierre est l'élu, le chef visible de l'Église.
Toute porte d'enfer, contre ce roc se brise,
Et sans limite est son pouvoir spirituel
De lier, délier, avec les clefs du Ciel.
Du troupeau réuni, Docteur, Pasteur et Père,
Il paît brebis, agneaux : la bergerie entière.
Aux Apôtres aussi Jésus dit : « Enseignez,
Dans l'union à Pierre. » Il leur dit : « Gouvernez.
Soyez pasteurs, docteurs, thaumaturges, prophètes
Et de ma loi d'amour les premiers interprètes.
Trop faibles aujourd'hui, timidés, ignorants,
Bientôt vous parlerez sans peur devant les Grands.

J'enverrai mon Esprit qui doit veiller sans cesse
Sur vous, et vous donner force, grâce et sagesse.
Moi, « Je suis avec vous, » uni jusqu'à la fin,
Par ma communion et mon Esprit divin,
La « porte du bercail et la vigne fertile ».
Qui veut vivre sans moi reste toujours stérile. »
Ainsi parlait Jésus. Et nous savons comment
Se fit le merveilleux et profond changement.
Dans « les Actes », on lit une page étonnante,
Où vit sous nos regards cette Église naissante :
« Les Disciples priaient tous dans un même lieu
En intime union avec l'Esprit de Dieu.
Remplis de cet Esprit, tous prennent la parole
Dont les langues de feu sont l'éloquent symbole.
Leurs nombreux auditeurs de toute nation :
« Qu'est ceci ? » disaient-ils, pleins d'admiration.
« Quel fait inexplicable et quel prodige étrange ?
Comment pouvons-nous, tous, comprendre la louange
Des merveilles de Dieu que ces Galiléens
Prêchent aux étrangers : Juifs, Arabes, Romains,
Parthes, Mèdes et gens de Mésopotamie,
De Lybie et d'Égypte, et des pays d'Asie ? »
— Chef de l'Église, Pierre, avec autorité,
Reproche aux Juifs la mort du Christ ressuscité,
Qui, Lui-même, s'élève au Ciel par sa puissance,
A la droite de Dieu.

    « Faites donc pénitence;
Recevez le baptême au nom de Jésus-Christ.
Et puis, vous recevrez les dons du Saint-Esprit. »
Trois mille convertis prennent part, ce jour même,
Aux dons du Saint-Esprit et du nouveau baptême.
Le Seigneur augmentait le nombre des croyants.

Tous pour la fraction du pain se rassemblant,
Ils prenaient leurs repas et faisaient leurs prières
Ensemble, dans la joie, unis comme des « frères ».
— Ardente Charité, miracles éclatants :
C'est le « règne de Dieu », sur l'Église, en ce temps.

L'ÉGLISE DE PIE XI

Avant le Christ, avant l'Esprit de Vérité,
Tout est sombre chaos dans notre humanité.
Mais, par leur action, une Église se fonde
Dont le premier bienfait est d'éclairer le monde.
C'est toujours son devoir, son droit essentiel,
Le testament du Maître, en s'élevant au Ciel.
Aujourd'hui, comme hier, la Sainte Église est prête,
Par ses enfants d'élite, à faire la conquête
De l'infidélité. Toujours, comme autrefois,
Ils sont heureux et fiers de souffrir pour la Foi.
Toujours, jusqu'à la mort, religieux et prêtres
Quittent, sans hésiter le pays des ancêtres.
Mais, ailleurs, quel spectacle! On voit l'impiété
De ses crocs venimeux mordre la vérité ;
S'attaquer à l'enfant, par le livre et l'école ;
Immoler la pudeur à la mode frivole ;
Dans le journal, offrir aux esprits vicieux,
Pour leurs désirs mauvais, le coin licencieux ;

Faire croire aux naïfs, dans mainte conférence,
Que la religion s'oppose à la science ;
Séduire l'esprit faible, empoisonner le cœur ;
Faire glisser partout le mensonge et l'erreur.
— Ève écoute d'abord le serpent qui lui prêche :
L'esprit étant séduit, elle mange, elle pèche.
Contre un tel ennemi, perfide et séducteur,
L'Église fait appel à l'Illuminateur ;
Contre le Ténébreux, invoque la Lumière.
De son cœur maternel monte au Ciel la prière,
Qui pour tous ses enfants implore les sept dons,
Les remèdes sacrés et les divins pardons.
Mais elle agit de pair et lutte pour défendre
Tout le troupeau fidèle et tâcher de reprendre
Les agneaux égarés, que de mauvais bergers
Abandonnent aux loups, prêts à les égorger.
Pour instruire, élever et grouper les fidèles,
Elle est de plus en plus admirable de zèle.
Son œuvre capitale est son enseignement,
Qui fait grandir la foi dans l'adulte et l'enfant.
Pie Onze a signalé « l'Œuvre par excellence » :
« La Doctrine chrétienne enseignée à l'énfance,
A la jeunesse. » Il voit, dans sa prospérité,
« Le suprême salut de la société ».

L'AUTORITÉ DANS L'ÉGLISE

Le Souverain Pontife.

Le second mot divin, tout au commencement,
Après avoir créé dans les corps la lumière,
Fut de poser le ferme et stable firmament,
A la place de la chaotique matière.
Pour l'Église, Dieu crée, avec l'Autorité,
Dans l'ordre immatériel, même stabilité.
Gardienne de la foi, dépôt inviolable,
Tandis que tout s'écroule, elle reste immuable :
Dominant la forêt, c'est l'Arbre toujours vert ;
L'immobile rocher sur les vagues des mers ;
Une force invincible, et qui semble fragile ;
L'enclume qu'on a pris pour un vase d'argile,
Qui, depuis deux mille ans, use tous les marteaux :
Ceux qui les brandissaient dorment dans les tombeaux.
Telle est cette vertu de l'Église romaine,
Qu'aime si fortement la conscience humaine,
Voulant garder sa foi, sauver la liberté,
D'être conduite à Dieu, sous une autorité
Aujourd'hui, comme hier, à jamais infaillible.
Le successeur de Pierre en est le chef visible.
Tous les trésors de grâce et les pouvoirs divins
Du Christ sont renfermés dans ses débiles mains.
Le pape, c'est l'Église et Jésus-Christ sur terre.
Qui veut être du Christ, reconnaît son vicaire,

Comme le souverain docteur, pontife et roi,
L'infaillible gardien de notre antique foi.

Les autres Pasteurs.

Unis avec le pape, il est encore d'autres
Légitimes pasteurs, héritiers des Apôtres
« Colonnes de l'Église et de la Vérité »,
Nos pères dans la foi, gardiens de la Cité.
De leurs puissantes mains, ils ont pétri la France.
L'histoire le proclame avec reconnaissance.
Pour guider le troupeau des fidèles chrétiens,
Nos évêques, encor, sont dignes des anciens.
Dans un gras pâturage, il paît, sous leur houlette
La joie au cœur, dans la sécurité parfaite.
Zélés pour leurs brebis, ils ont, en bons pasteurs,
Auprès d'elles placé des coopérateurs
Fidèles, dévoués, patients et modestes.
Au poste, par devoir, obéissants, ils restent :
Paroisse, succursale, et simplement curés,
— Ou, dans les doyennés et les archiprêtrés. —
... De la hiérarchie une image imparfaite
Nous permet, néanmoins, d'en admirer le faîte,
Et de fixer nos yeux sur son beau fondement,
Sur l'immuable roc de son gouvernement.
L'Église marche et vit. C'est un corps qui se forme
Tous les jours, en tous lieux, dont la tête est à Rome.
Le cœur aussi. Les bras ? D'abord, les cardinaux...
— De Rome, sort la vie en d'infinis canaux :
Évêques, réguliers, prêtres, missionnaires...
Organisation qui s'étend sur la terre ;

Hommes, dont les efforts, d'un côté, sont humains,
Mais, dans le résultat, efforts qui seraient vains,
Impuissants à former du Christ le corps mystique,
S'ils ne s'inspiraient pas de son « Esprit unique ».
C'est l'âme, c'est l'Esprit, en toute vérité,
Qui donne vie et force à cette Autorité.

L'ENFANT DE CHŒUR

Émile a récité fort bien son catéchisme.
Sa leçon embrassait l'hérésie et le schisme ;
Et l'excommunié, l'apostat, le païen ;
Et le bon catholique et fidèle chrétien.
— Le « Fidèle », a-t-il dit, est celui qui pratique
Humblement soumis à l'Église catholique.
Il aime sa paroisse; il soutient son pasteur...
... Depuis trois ans, Émile est son enfant de chœur.
Il le sert à la messe et l'accompagne en chaire,
Avec recueillement et tenue exemplaire.
Nul n'a plus de respect, plus de soumission.
Quand il faut réparer quelque distraction,
Quelle dextérité, jointe à la modestie !
Il court au pain d'autel qui deviendra l'Hostie;
Les publications, l'évangile, égarés,
Comme en un tournemain, par lui, sont retrouvés;
Parfois, du vieux curé, les notes, les lunettes...

... Il a soin du plateau, fait briller les burettes;
Avertit, quand s'éteint la lampe du saint lieu,
Et ne plaint point sa peine, au service de Dieu.
— L'enfant de chœur est très connu dans la paroisse.
Et, lorsque vient le jour, où, non sans quelque angoisse,
Aux portes des maisons le pasteur doit sonner,
Pour qu'au « Denier du culte » on veuille bien donner,
Ce cher enfant le suit; fidèle, il l'accompagne,
Comme un ange gardien, en ville, à la campagne.
A son aspect, l'avare est généreux, dit-on,
Et le sourire vient dérider le grognon.
— Dès l'âge de sept ans, Émile se confesse.
Ce jour-là, sa ferveur est plus grande à la messe.
Il n'avait pas neuf ans, quand il donna son cœur,
Et qu'il nourrit son âme au banquet du Sauveur.
Grâce à sa piété, nul doute qu'il n'obtienne
La faveur de la communion quotidienne;
Il est venu le jour, par lui tant souhaité
De s'unir à son Dieu, avec solennité !...
— Quand je vous aurai dit qu'il a livré bataille,
Et gagné le prix de l'évêque de Versailles,
Qu'il pourrait vous montrer diplôme et parchemin
Que Monseigneur lui-même a signé de sa main,
Du bon enfant de chœur j'aurai fini l'histoire,
Qui n'est pas sans mérite et sans un brin de gloire.

LA COMMUNION DES SAINTS

Communion des saints, ô consolant mystère !
Notre foi réunit ciel, purgatoire, terre,
Pour former une seule Église, une Cité,
Dont le ciment est la divine charité.
— Tous ses membres unis dans la même carrière.
Nul ne doit s'isoler, être individuel,
Vivre une vie à part, sur le chemin du Ciel.
Malheur à l'homme seul, à ce grain de poussière !
S'il répond à l'appel fait à tous les chrétiens
De se grouper à la « Communion des Saints »,
D'y vivre membre actif de l'immense famille,
Bientôt ce petit grain, comme un diamant brille.
Qu'il ne se vante pas d'un si beau changement.
Dieu seul est à bénir dans cet événement.
Dans la belle Cité de Dieu, l'âme est abeille.
Pour tous, elle travaille, elle prie, elle veille,
Et doit même souffrir, pour composer son miel,
Sans jouir ici-bas, car la ruche est au Ciel.
Triomphante union au séjour de la gloire;
Touchante sur la terre et dans le purgatoire.
Au Ciel, dans le vainqueur, Dieu couronne ses dons.
Tout blessé trouve ailleurs de suaves pardons.
Sls sont dans votre *nid*, ô mystique Colombe !
Iainte Église, afin que nul membre ne succombe.

— Grâce à votre prière, à vos gémissements,
La Colombe du Ciel vole à d'autres enfants:

L'Esprit-Saint, envoyé par le Christ sur la terre,
Est mieux que tout Apôtre, ardent missionnaire.
Il souffle, s'Il lui plaît, au milieu de l'erreur,
Crée une âme d'élite et gagne un noble cœur,
Qui semble être, au dehors, un sujet hérétique,
Infidèle, ou soumis à la foi schismatique.
Par un travail caché, mais tout surnaturel,
Il l'arrache au démon, le sauve pour le Ciel.
En secret, il devient la « Brebis » de l'Église,
Sans être du bercail. C'est une âme soumise
A son âme. Il échappe aux puissances d'enfer.
Quand il a bon vouloir, nul homme ne se perd.
— Certes, loin du pasteur, la lutte est plus sévère,
Les dons moins abondants, plus faible la lumière,
Immense le péril, l'abîme à chaque pas.
Qu'il lui faudra d'efforts, pour qu'il n'y tombe pas !
Quel bonheur, en pensant à ces combats tragiques,
D'être au sein du bercail, comme nous, catholiques,
D'avoir sa large part aux mérites divins,
A ceux, surabondants, de la Vierge et des Saints;
D'ajouter aux trésors du Ciel toute prière,
Tout mérite de ceux qui sont dans la carrière !
— Comment perdre le Ciel dans la société
Des âmes où tout est : Union, Charité !

LA RÉMISSION DES PÉCHÉS

Sans tarder, au soir de la résurrection,
Le Sauveur confiait son pouvoir de pardon
A la garde de ses Apôtres, sur la terre,
Comme le fruit béni de sa croix salutaire :

« Les péchés sont remis, quand vous les remettrez.
Ils seront retenus, quand vous les retiendrez.
Envoyé par mon Père, ainsi, Je vous envoie;
Recevez l'Esprit-Saint; et ma Paix, et ma Joie. »

— Depuis cet heureux jour, l'apostolique paix
Offre à tous les chrétiens le meilleur des bienfaits.
Par le Christ, sur l'enfer et sur la mort conquise,
Elle est la vie et fait le bonheur de l'Église.
Mais, il est des chrétiens — nos frères protestants —
Qui refusent ce don du Christ à ses enfants.
Chez eux, les clairvoyants sont effrayés du vide...
Et les meilleurs d'entre eux retournent sous l'égide
De l'Église ancestrale, avant Luther, Calvin.
Tels, un Père Faber, un Newman, un Manning,
Pour ne plus tâtonner sans lanterne, dans l'ombre,
Nous consumer, en vains efforts, dans la nuit sombre,
Pour entendre une voix dire à nos cœurs contrits :
« La paix soit avec vous : vos péchés sont remis ! »

SURPRISES DE LA MORT

Nous mourrons. Quand ? Comment ? De quel genre de mort ?
— Ah ! ne le cherchons pas. Seul, Dieu connaît mon sort.
Des neuf que nous étions, sept dorment dans leur bière ;
Cinq au pays natal, deux en terre étrangère ;
Déjà deux frères morts, et je n'étais pas né.
Un affreux accident frappe mon frère aîné,
A trente ans. Quel malheur pour toute la famille!
Pour la veuve, surtout, et la plus jeune fille,
Orpheline à deux ans...

      — « Tout cela, c'est banal »,
Me dit monsieur Homais, « lisez dans mon journal
L'article : « Faits-divers ». Combien plus poétiques,
Les accidents du jour, et vraiment pathétiques ! »
— Cher lecteur, voyez donc... Aujourd'hui, seulement,
En banlieue, à Paris, dans le département
De Seine-et-Oise, et dans celui du Finistère.
Total des suicidés : sept, dont l'un, — c'est un père —
Armé d'un revolver, va, tout d'abord frapper
Sa fillette en son lit, avant de se tuer ;
— Un autre, un employé d'octroi, ne se suicide
Qu'après avoir été plusieurs fois homicide...
— On est après minuit et sur le boulevard;
Une puissante auto culbute un sidecar,
Et quatre voyageurs gisent sur la chaussée.
Trois sont morts ; le quatrième a les jambes cassées.
— John Fritz, chauffeur saxon, dormait à son volant;
L'auto-bolide écrase un jeune homme en volant.

Le Saxon expliqua : « J'avais beaucoup la tête
Lourde — ayant bu très fort — et pas vision nette. »
— Voulez-vous bien compter les malheureux enfants,
Victimes, aujourd'hui, de mortels accidents,
Tués, ou disparus, ou morts par imprudence ?
Six. Et huit orphelins tombés dans l'indigence.
Parmi les morts, j'en compte un d'électrocuté
Sur un pylône, où cet imprudent est monté.
— Voici d'un écolier un malheur encor pire :
Spectacle horrible à voir, difficile à décrire,
Dans la cour de l'école, un arbre est protégé
Par une grille haute, aiguë, en fer forgé.
L'enfant grimpe dessus, atteint jusqu'au feuillage,
— On est audacieux quand on a ce bel âge —
Puis, va de branche en branche, en redoublant d'effort,
Si bien, qu'il monte au bout — puis, tombe. Ah ! quelle
                                        [mort !
Du malheureux enfant le corps, comme une balle,
Est venu s'aplatir sur la grille... Il s'empale.
Pauvre petit !...
                    — C'est tout ?
                            — Un drame de la mer.
Les pêcheurs de Lokdy rentraient au port, hier
Un fort grain ravageait ce coin du Finistère.
Mais, à l'appel, il manque une barque, où deux frères
Ensemble, travaillaient nuit et jour pour deux nids.
Le fruit de leur travail nourrissait huit petits...
... Et leurs veuves en pleurs viennent sur le rivage
Demander à la mer les débris du naufrage.
Après, elles iront dans l'église, au retour,
Dire à Dieu : « Donnez-nous le pain de chaque jour. »

APRÈS LA MORT, LE JUGEMENT

Quels que soient nos dégoûts, nos frissons, notre envie
La mort nous fait passer de l'une à l'autre vie.
Elle frappe en tout temps, sur quiconque, en tout lieu,
Et fait voler notre âme au tribunal de Dieu.
Voilà de l'être humain la règle universelle,
Et l'acte décisif, pour la vie éternelle.
En ce jour, de chacun de nous, bon ou méchant
Dieu passe la revue. Il porte un jugement
Sur nos œuvres, précis, complet, irrévocable,
Et tel que le veut sa Justice inexorable.
Le divin Photographe, avec son clair soleil,
Fait le portrait, si bien au modèle pareil,
Que l'âme, en le voyant, dans sa pleine lumière,
Ne peut que donner son adhésion entière.
Non, pas le moindre oubli dans ce vaste tableau
Et du bien et du mal, et du laid et du beau.

— Il voulait l'ignorer, l'homme charnel, l'impie.
« Il n'y a point de Dieu », disait-il, dans l'orgie ;
N'écoutant ni la foi, ni la simple raison,
Pour vivre sans remords, dans la corruption.
Qu'il est beau, le portrait de sa prime jeunesse !
A partir de douze ans, il s'enlaidit sans cesse.
C'est le lent abandon de tout acte pieux ;
Faux amis, faux plaisirs, écrits licencieux.
— Mais, qui donc le conduit jusqu'aux bords de l'abîme ?
Quel bourreau ?... C'est son père ! Il en fit sa victime.

Hélas ! oui, quand au soir de sa communion,
Il lui dit : « C'est la fin de ta religion !

— Un autre se dressait contre la Providence
En plein crime, il disait : « Non, Dieu ne me voit pas.
Non, il ne peut m'entendre et suivre tous mes pas.
Sa pensée est ailleurs et sur quelque autre ouvrage. »
L'insensé, pour le mal, trouvait là son courage.
Ah ! maintenant, il sait qu'il n'est pas un cheveu
Qui tombe, indifférent, sous le regard de Dieu;
Qu'Il n'a rien oublié, pas même une parole
Et qu'on devra payer jusqu'à la moindre obole.
Ce Dieu, dont la bonté s'étend au passereau.
Avait, pour lui, compté, le don d'un verre d'eau.

— Encore un malheureux qui, tombé dans l'abîme,
Se fabriquait un Dieu complice de son crime,
Tant il était commode et doux et complaisant,
Un Dieu familier et, toujours « Bon Enfant ».
Il voit toute l'horreur de sa carricature
En contemplant la Sainteté de sa nature
Divine, infiniment opposée au péché,
Et tout le droit qu'Elle a de vouloir s'en venger.

— Auraient-ils pu, chacun, éviter sa vengeance?
Oui, certes, par l'amour et par la pénitence.

JE RESSUSCITERAI

Le Christ a dit : « Je suis pour tout homme, sur terre,
La résurrection, la vie et la lumière.
Celui qui croit en moi, serait-il mort, vivra :
Celui qui vit et croit jamais plus ne mourra. »
— C'était au tombeau de Lazare, à Béthanie.
De ce tombeau, Lazare est sorti plein de vie.

— Jésus dit, plus précis encore : « Au dernier jour,
Les tombeaux s'ouvriront, dans toutes les contrées ;
Au formidable appel des trompettes sacrées,
Les hommes quitteront leur funèbre séjour,
Pour entendre l'arrêt dicté par ma Justice,
Qui, pour toujours, fera leur joie ou leur supplice. »

— La parole et les faits du Maître de la mort.
Ne me permettent plus d'hésiter sur mon sort :
Non, la tombe n'est pas ma demeure dernière !
Un jour, Dieu me rendra la vie et la lumière;
Il unira mon âme au corps ressuscité :
Et nous le bénirons toute l'éternité !

L'ENFER

A chaque instant du jour, par le péché mortel,
L'homme choisit l'enfer, se détourne du Ciel.
Dieu le prend en pitié, quand vient son agonie,
Jusqu'au moment de son dernier souffle de vie.
Et sa grâce l'appelle, à l'heure de la mort,
Jusqu'au suprême adieu de l'âme avec le corps.
Est-il aveugle ? sourd ? obstinément coupable ?
Alors, Dieu, pour son âme, est un juge implacable.
Quel abus de la grâce et de la liberté,
Précieux instruments de sa félicité !
Avec eux, il pouvait, sur l'échelle mystique,
S'élever aux degrés de la gloire angélique.
Journellement, ce libre et salutaire effort,
Lui méritait la plus belle palme à sa mort.
Pour des peines d'un jour, la couronne immortelle
Pour quelque joie impure, une peine éternelle !
Parce qu'il la voulu, le voilà dans l'enfer.
Il est maudit de Dieu. Son maître est Lucifer.
Là, dans un feu brûlant d'une éternelle flamme,
« Toujours ! Jamais ! » Ces mots terribles, à son âme,
Retentiront pendant toute l'éternité.
« Jamais » la fin ! « Toujours » Dieu contre elle irrité :
Absent par son amour ; présent par son supplice.
Être privé de Dieu ! Horrible sacrifice.
Et c'est Dieu qui maudit toute l'éternité :
Il allume le feu que l'âme a mérité.

LE PURGATOIRE

Quand, après le pardon d'une faute mortelle,
L'âme n'a point payé la dette temporelle,
Ou qu'elle est en état de péché véniel,
A la mort, pour un temps, Dieu lui ferme le Ciel.
Il ne lui donnera de le voir dans sa gloire,
Qu'après sa pénitence au feu du purgatoire.
Douloureux châtiment et terrible « Prison »
Dont le Christ a parlé, pour l'expiation,
En harmonie avec la grandeur de l'offense.
L'âme doit les subir, avant sa délivrance.
Nous entendons sa voix plaintive dans les chants
De l'« office des Morts » et ses cris suppliants :
« Vous, du moins, mes amis, qui vivez sur la terre,
Faites monter au Ciel votre ardente prière !
Hélas ! Je suis soumise à l'inflexible loi
Du Seigneur, et son bras s'est étendu sur moi ! »
Et, toujours la douleur extrême de l'attente
L'excite à soupirer sa complainte émouvante :
« Seigneur, si loin de vous, dans cet horrible lieu...
De ce trop long exil, délivrez-moi, mon Dieu. »
— N'est-ce pas un écho de l'ardente supplique
Qu'adresse à son époux l'épouse des « Cantiques »,
Lorsqu'elle cherche en vain, partout, le Bien-aimé ?
De quels brûlants désirs son cœur est enflammé !
Et, dans l'époux divin brûle pareille flamme,
Qui se consume en vain à l'aspect de cette âme.

Car, son œil voit la tache, avec le jugement,
Enchaînant son amour jusqu'au dernier moment.
— Mais quoi ! Puisqu'il n'est plus l'heureux temps de la
                                        [grâce
Avant l'heure, peut-elle au Ciel prendre sa place ?
— Seule, jamais. A nous, tous, de tarir ses pleurs,
D'abréger et finir le temps de ses douleurs.
Toute bonne œuvre pour cette âme en Purgatoire,
Console son exil et prépare sa gloire :
Jeûne, aumône, prière et, surtout, sacrement
Reçu ; Dieu les accepte avec empressement,
Les attend, les demande, et même les exige,
Quand la reconnaissance à ce devoir oblige ;
Qu'il soit doux à nos cœurs et sacré ce devoir,
En songeant qu'en nos mains Dieu met un tel pouvoir
D'ouvrir le Ciel, peut-être, à l'âme la plus chère,
D'un époux, d'un ami, d'un père, d'une mère !
Que briser leurs liens, aux âmes de chrétiens,
Est beau, comme être apôtre au milieu des païens ;
Qu'on ne peut mieux prier, qu'en suivant le « service »,
De l'Église et du Christ le divin Sacrifice.
Pour combien, en tous lieux où se dresse un autel
La salutaire hostie est la porte du Ciel !
De l'univers voici le consolant mystère :
Notre foi réunit, ciel, purgatoire, terre,
Pour former une seule Église, une Cité,
Dont le ciment est la divine charité.

LE CIEL

Prends ton vol, ô mon âme, au-dessus de la sphère
Où les plus grands bonheurs n'ont que fragilité ;
Ne prête plus l'oreille aux vains bruits de la terre,
Et contemple du Ciel la divine beauté :

Voir, connaître, aimer Dieu, sans voile, sans mystère
Père, Fils, Saint-Esprit : la Sainte-Trinité ;
Jouir de sa Grandeur, vivre de sa Lumière,
Face à face, et pendant toute l'éternité ;

Dans la paix du Seigneur, chanter avec les Anges
Et tous les Bienheureux, d'ineffables Louanges ;
Être au foyer de la parfaite Charité ;

Avec mon âme, un jour, avoir mon corps qui brille
Dans la Gloire, et revoir parents, amis, famille :
N'est-ce pas l'Idéal de la félicité ?

LA DERNIÈRE GRACE

Se détourner du Ciel et de Dieu, sur la terre,
Loin de la Vérité, loin de la Sainteté ;
Vivre dans le mensonge et dans l'iniquité ;
Suivre la route large, opposée au Calvaire.

Dans le monde qui rit chercher à satisfaire
De l'esprit et du cœur l'orgueil, la volupté ;
Pour mieux se distinguer par son impiété,
Faire la guerre à Dieu, se poser en sectaire.

Mille fois un tel homme a mérité l'enfer,
Des tourments éternels auprès de Lucifer.
— Mon Dieu, peut-il avoir près de vous une place ?

— Oui, tant qu'il est vivant, la croix du Dieu-Sauveur
Lui réserve toujours un rayon de sa grâce;
Toujours coule pour lui le sang du Rédempteur.

CHANT II

LA MORALE
DE L'HOMME-DIEU

LA MORALE
DE L'HOMME-DIEU

LA LOI DE DIEU

Dès le commencement, en tout temps, en tout lieu
L'homme a dû se soumettre à quelque loi de Dieu.
Le Maître souverain veut cette dépendance.
La liberté s'épure avec l'obéissance,
Pour s'élever toujours, grâce à la volonté,
De sommet en sommet jusqu'à la sainteté.
Et cette obéissance a pour objet la gloire
De Dieu. Rien ne lui plaît autant que sa victoire
Sur notre volonté libre et sur notre cœur
Humblement prosternés aux pieds du Créateur.
— « Qui donc est comme Dieu ? » a dit Michel l'archange.
— A ce cri, répondons : « Dieu seul est grand ». Louange
Digne du ciel. Ainsi la même vérité
Tient l'ange et l'homme dans l'esprit d'humilité,
Les enchaîne à la loi, pour qu'ils trouvent sans cesse
Au service de Dieu leur plus haute noblesse.

LA LOI NATURELLE

Cette loi, nécessaire à l'homme, universelle,
Que Dieu grave en son âme, est « la loi naturelle ».
Le Christ la contemplait dans les petits enfants.
Et, partout, elle veille au cœur des braves gens,
Sur l'honneur, sur la vie et sur les biens des hommes.
Mais, trop souvent, hélas! malheureux que nous sommes,
— On le voit, en ouvrant l'histoire de nos mœurs —
Et la chair et le sang contre elles sont vainqueurs.
Séduit par leurs attraits, cédant à leur puissance,
L'homme devient aveugle et perd sa conscience.
Il ne distingue plus le bien d'avec le mal.
Mieux que lui son instinct guide un simple animal
Qui, dans cet univers, fait meilleure figure,
Parce qu'il est soumis aux lois de sa nature.
L'homme, ainsi dévoyé, vicieux, corrompu,
Sous la loi de la chair et du sang, est perdu.
— Qui peut le délivrer? Le soulever de terre?
— Dieu seul, s'Il a pitié de sa grande misère ;
S'Il daigne pardonner à celui qu'Il fit roi
De la Création; et, lui rendant sa loi,
S'il veut bien l'accepter encore à son service,
Le sauver à nouveau de l'abîme du vice.

SUR LE SINAI

Tandis que Dieu dans sa Justice inexorable
Punit longtemps encor l'humanité coupable,
Il aime un peuple obscur, esclave et malheureux
Né du sang d'Abraham, de Jacob : les Hébreux.
Il ne lui dictera ses solennels oracles,
Qu'après l'avoir sauvé par d'éclatants miracles.
Moïse, entre ses mains, deviendra l'instrument
Docile et merveilleux de cet événement.
Au pied du Sinaï, de la montagne sainte,
Dieu dispose son peuple au respect, à la crainte :
— « C'est moi qui t'ai sauvé du joug des Pharaons,
Dit-Il; ainsi que l'aigle emporte ses aiglons,
Loin de tout ennemi, sur ses puissantes ailes,
Je te préserverai non moins que les prunelles
De mes yeux. Garde bien l'Alliance avec moi,
Toujours obéissant et fidèle à ma loi. »
— Sur la montagne en feu, sous l'éclat du tonnerre,
Au milieu de la nue enveloppant ce lieu,
Après quarante jours de jeûne et de prière,
Le chef du peuple élu reçut la loi de Dieu,
Le Décalogue, écrit sur deux tables de pierre.
C'est le code, observé religieusement,
Qui forma tous les saints de l'Ancien Testament,
Code imparfait encor — mais le Christ le complète,
En fait la loi de grâce et d'amour : Loi parfaite.

VERTUS SURNATURELLES

Pour observer la loi religieusement,
L'homme, du bon vieillard au tout petit enfant,
Doit former en son cœur une vertu qui vienne
De la grâce de Dieu : une vertu chrétienne.
Quand elle ne produit qu'un acte naturel,
Elle ne vole pas assez haut pour le Ciel.
— Les germes des vertus sont semés, au baptême,
Au fond de l'âme, où vit le Saint-Esprit Lui-même.
Dieu veut, en les semant, laisser nos volontés
Les acquérir, plus tard, par actes répétés.
« Acquérir », se rapporte à nos vertus morales;
« Développer », convient aux trois Théologales
Infuses dans nos cœurs, avec le Saint-Esprit
Par le Baptême, et la grâce de Jésus-Christ.
— Que la Foi, l'Espérance et l'Amour, dans nos âmes,
Étendent les rayons de leurs célestes flammes !
Elles doivent trouver tout leur accroissement
Dans la pratique du premier Commandement.

LA FOI

Les astres de la nuit avec l'aube pâlissent.
L'aurore luit à peine, et tous s'évanouissent,
Faisant place au soleil, du jour seul l'astre-roi.
Ainsi, lorsque apparaît le Soleil de la Foi,

Que la grâce de Dieu fait briller dans notre âme,
Nos cœurs sont réchauffés à sa céleste flamme ;
Nos esprits, éclairés à ses rayons divins ;
Éclipsés, nos motifs et sentiments humains.
Nous ne regardons plus d'un œil charnel la terre.
Elle est la Nuit, et nous marchons dans la lumière,
Nourris, rassasiés du Pain des Bienheureux
Au Ciel : la Vérité. Ce pain délicieux,
Qui soutient le martyr, le rend inaccessible
A la peur, et lui donne un courage invincible,
Défend tous les chrétiens contre la lâcheté.
— Dire un « oui » cordial à toute vérité
Révélée, enseignée à ses fils par l'Église,
C'est la vertu de foi, de foi vraie et soumise,
De foi surnaturelle : un don du Saint-Esprit,
Qui nous fait vivre en Dieu le Père, en Jésus-Christ.
S'il est quelque ombre encor, c'est une ombre sereine
La Trinité se cache au fond de l'âme humaine.

— Fondement des vertus et science des saints;
Tout-puissant instrument, mon Dieu, de vos dessins ;
Au néant que je suis puisque la foi s'impose,
Faites en moi, Seigneur, une très grande chose :
Faites-moi vivre, agir et mourir en croyant...
— Et que mes pas vers vous soient des pas de géant !

L'ESPÉRANCE

La vertu d'Espérance, au parfum précieux
Autour d'elle, semant la douce patience
La rayonnante joie et la noble vaillance
Ouvre ses ailes d'or sur la route des cieux.

Rien ne peut arrêter son vol audacieux,
Car elle a de ses sœurs la sublime assistance:
De la Foi, les secrets de sa toute-puissance,
Et de la Charité, l'élan victorieux.

Le monde, le démon, les passions humaines
Inspirent son dégoût. Leurs amorces sont vaines
Et sans se détourner, quand ses yeux voient le port

Avec sa sœur la Foi, si grande est son ivresse
Qu'elle tombe, soudain, triomphant dans la mort
Devant la vision divine des promesses.

L'AMOUR DE DIEU

Notre Maître et Sauveur est venu sur la terre
Pour se soumettre en tout à la loi de son Père.
Par cette obéissance, il a conquis le droit
D'être du monde entier législateur et roi.

Du précepte au conseil, quand sa voix nous appelle,
Elle dit : « Suivez-moi. Je suis votre modèle
Et le meilleur ami. Sur les chemins étroits,
Je porte le poids lourds de vos plus lourdes croix.
Mon cœur, toujours ouvert, vous réserve une place.
En attendant la gloire, enfants, voici ma grâce. »
— Couvert du sang d'Étienne, un Saul persécuteur,
A cet appel, répond : « Que voulez-vous, Seigneur ? »
— Ainsi chacun de nous lui dira, pour lui plaire :
« Seigneur, que voulez-vous ? Je suis prêt à le faire...
Tout ce que vous voudrez, maintenant, dès ce jour... »
— Écoutez ! Jésus veut une chose : L'Amour !
L'Amour seul est sa loi. Le peuple Juif, des lèvres,
Aimait Dieu, non du cœur. Plongés dans les ténèbres,
Les hommes adoraient, par millions, Baal,
Et tous les dieux de chair, de pierre ou de métal.
« Mon Père, dit Jésus à la Samaritaine,
Veut, désormais, son culte au fond de l'âme humaine.
Culte spirituel et seul digne de Dieu.
Et moi, je suis venu le répandre en tout lieu.
Acceptez cette loi d'amour, la loi suprême. »
D'elle, naîtra l'amour du prochain, de soi-même ;
C'est un amour fécond : tel, l'arbre aux verts rameaux,
Aux pommes d'or, planté dans le courant des eaux.
Ou, tel, le feu sacré dont la divine flamme
Donne vie, et lumière, et chaleur, à notre âme.

L'AMOUR DU PROCHAIN

Le bienfait du christianisme
Fut d'implanter la charité,
A la place de l'égoïsme
Féroce, et de la cruauté.
« Aimez-vous tous les uns les autres »,
Dit Jésus-Christ, à ses Apôtres,
« En aimant Dieu, premièrement :
C'est mon nouveau commandement. »
— Sans cette loi de l'Évangile,
Tout chancelle et devient fragile.
Comprenons bien, à notre tour,
Que rien ne remplace l'amour.
Sur les toits, les places publiques ;
Aux royaumes, aux républiques,
Dans chaque pays, en tout lieu,
Disons bien haut : Nul n'aime Dieu,
Qui nourrit en son cœur la haine ;
De lui, toute prière est vaine ;
Toute bonne œuvre sans valeur,
Avec cette vipère au cœur.
Le monde entier ne vaut pas l'âme
D'un homme pêcheur, même infâme,
Que Dieu veut, avec tant d'amour,
Appeler à sa gloire un jour !
Il la chérit, — comme un avare
Qui n'admet pas qu'on le sépare

D'une parcelle de son or,
Du moindre brin de son trésor,
Sur lequel son œil court, sans cesse,
Se poser avec allégresse.
En bon Père du genre humain,
Il invite noble et vilain :
Les plus petits sont de la fête,
Et son soleil luit sur leur tête.
Comme Père du Rédempteur,
Il les porte tous dans son cœur.
Il est, depuis que la croix brille,
Deux fois le *Père de famille*.
— Du Dieu d'amour en vrais enfants,
Aimons-nous tous, bons et méchants.

AVEC SAINT PAUL, CHANTONS LA CHARITÉ

Sa patience.

Sur la charité fraternelle,
Il est une page immortelle,
A lire, à souvent méditer;
Surtout, à vivre, à pratiquer.
C'est le cœur de Jésus, notre Maître adorable,
Qui l'a dictée à Paul, l'Apôtre incomparable.

Voulez-vous l'établir sur un bon fondement ?
   Fouillez, creusez profondément
Votre âme, en y plaçant, au fond, la patience.
Elle est, n'en doutez pas, une grande science.
Et je ne sais de plus puissant modérateur
   Des mille révoltes du cœur.
Elle éteint la vengeance et brise la colère,
Avec ce mot chrétien : « Arrête ! c'est ton frère. »
Met à la porte la susceptibilité,
La mauvaise humeur et la sotte vanité.
A toute passion, malgré la lutte atroce,
La patience creuse obstinément la fosse.
Aux morsures du loup, du serpent ou du chien,
Aux ruses du renard, elle n'oppose rien,
Lorsqu'elle ne soutient que sa propre querelle.
Et, pour faire fleurir l'amitié fraternelle,
Elle souffre en silence ; elle expire, parfois,
Sous les coups des bourreaux, en saluant la croix.

Sa bénignité.

A l'école du divin Maître
Empressons-nous de faire naître
Cette exquise fleur de bonté
Qui se nomme « Bénignité ».
C'est la Charité prévenante,
Accommodante et souriante,
S'insinuant avec douceur,
Mansuétude, au fond du cœur.
Elle sait conquérir et plaire,
Faire un ami d'un adversaire ;

Servir, pour attirer au Ciel,
Non du vinaigre, mais du miel.
Sa voix suave a le langage
Qui convient le mieux à tout âge ;
Et sa plus haute Sainteté,
S'illumine d'une gaieté,
De notre temps, plus qu'en tout autre,
Précieuse à l'âme d'apôtre.
Car, on dit, sans mauvais dessein,
Qu'« un saint triste est un triste saint. »

Son esprit fraternel.

La Charité, fille du Ciel,
Préserve notre âme du fiel
Que sécrètent la noire envie
Et l'impuissante jalousie.

Voyez quel étrange tourment
Ronge le cœur de cet enfant,
Parce que son plus jeune frère
Sourit aux baisers de sa mère ?

Voyez ce petit écolier :
Son camarade est le premier.
Pourquoi cet œil sombre et farouche,
Et la grimace de sa bouche ?

Ah ! plaignez-les ! Pour leur malheur
La jalousie a, dans leur cœur,

Fait une blessure mortelle
A la charité fraternelle.

C'est le même esprit malfaisant
Qui perdit nos premiers parents
Dont la parole mensongère,
Souffle partout discorde et guerre.

C'est le même esprit ténébreux
Qui fait toujours des malheureux
Par des haines inassouvies,
Entre hommes, familles, patries !

O Charité, fille du Ciel !
Gardez-nous du venin mortel
Que sécrète la noire envie,
Et la perfide jalousie.

Sa prudence et sa délicatesse.

La Charité veille, est active,
A plaire toujours attentive,
Circonspecte en tous ses propos,
Et ses actes, sans nul repos.
Dans son horreur de l'imprudence,
Elle réfléchit à l'avance.
Jamais, contre même un enfant,
Dans sa bouche, de mot blessant
Qui fait bouillonner la colère,
Pousse à la vengeance, à la guerre.
La sauvage timidité

S'apprivoise, par sa bonté ;
Et son accueillante tendresse
Est secourable à la faiblesse
Qui ne trouve, sous son manteau,
Ni de glaive, ni de marteau.
Avant tout, sa constante étude,
Son ardente sollicitude,
L'excite à trouver le moyen
De n'offenser personne en rien...
— Oh ! n'est-ce pas chose impossible,
Dans notre monde susceptible,
Où tout : geste, voix et regard,
S'interprète en mauvaise part ?
Et n'est-il pas des cas extrêmes
Bien périlleux pour les saints mêmes ?
— Plus grande est leur perplexité,
Mieux triomphe leur charité.
Elle a des secrets admirables
Qui les rendent toujours aimables...
Apprenez comme ils sont formés
Et divinement inspirés.
Contre la brutale insolence,
L'un s'arme d'un parfait silence :
« J'ai fait un pacte avec mon cœur,
Dit-il, de briser son ardeur,
Tant qu'il bat plus qu'à l'ordinaire.
Ainsi j'ai dompté ma colère. »
L'autre fuit « comme un déserteur »
Le danger, par grande frayeur
De voir ternir la belle flamme
D'amour qui consume son âme.

Sa simplicité.

Ces truquages de marbres rares
De porphyres et de Carrares,
Aux modernes tours de Babel,
Aux palaces et gratte-ciel ;
Et, dans nos cités orgueilleuses,
Ces fourmilières monstrueuses,
D'une gigantesque hauteur
Par rapport à leur profondeur,
Sont l'énorme caricature
D'une artistique architecture,
Qu'exploite la cupidité,
En l'honneur de la vanité.
Quel constraste avec la figure
D'une Charité sans enflure !
Pour la trouver, ne cherchez pas
Au milieu de trompeurs appas.
— Voyez sa modeste parure :
Un voile, une robe de bure.
Sa maison ? Un humble couvent.
Ses traits ? Ceux d'un petit enfant.
Son argenterie ? Une écuelle.
Son grand trésor ? Une chapelle.
Que fait-elle dans le saint lieu ?
Elle court « dans les bras de Dieu »
Pour y cacher sa tête blonde,
Semblable « aux bébés de ce monde »,
Qui, sous l'empire de la peur,
S'attachent au cou d'une sœur.

Et voici son humble prière :
« Mon aimable Seigneur, Mon Père,
Je vous tends ma petite main.
Donnez à tous votre bon pain.
J'attends, sans détourner la tête,
Que vous entendiez ma requête :
Seigneur, au cœur de vos enfants,
Versez un éternel printemps. »

Sa lutte contre l'ambition.

Elle est toujours armée, et moi, je suis sans armes ;
Ses yeux sont pleins de sang, et mes yeux pleins de larmes ;
Son langage est perfide, ou hautain, ou flatteur ;
Le mien est fraternel, d'une franche douceur ;
Par la division, la discorde, elle règne ;
La parfaite union est le but de mon règne ;
Dans de sanglants combats tombent ses partisans ;
Je soigne ses blessés, console ses mourants,
Et lui parle d'amour, de pardon, de clémence ;
Elle crie aussitôt : haine, guerre, vengeance !
Elle dit : Mort ! — Je dis : Vie à l'humanité !
Elle est l'ambition. Je suis la Charité.

Son désintéressement.

LE MONDE

Ah ! Madame, une fille et si jeune et si belle
Que vous accaparez...

LA CHARITÉ

Non ; pas moi, Dieu l'appelle.

LE MONDE

Quel talent ? Quelle grâce ? Elle eût fait tant d'heureux !

LA CHARITÉ

Dieu l'appelle au pays où vivent des lépreux ;
Et la pitié qu'elle a d'une telle infortune
Lui fait sacrifier sa vie et sa fortune.

LE MONDE

Voilà qui me paraît, Madame, extravagant.
Ce projet vient de vous, et j'en absous l'enfant.
Elle a perdu son père ; elle n'a plus de mère ;
Tous ses parents sont morts!...

LA CHARITÉ

                    Donc, libre sur la terre
Libre de disposer d'elle et de tous ses biens,
A son gré. C'est agir comme les grands chrétiens.

LE MONDE

Avec tout mon respect, permettez-moi, Madame
De dire qu'avec moi tout le monde vous blâme.
Oui, les meilleurs partis, les plus riches, c'est vous,
Vous qui les écartez...

LA CHARITÉ

Pour un meilleur époux.

LE MONDE

Écoutez-moi, Madame, au nom d'une famille
Illustre, dont le fils aime la jeune fille.
Elle aurait, à Paris, sa loge à l'Opéra,
Un magnifique hôtel; à Nice, une villa...

LA CHARITÉ

Ni cet éclat pompeux, ni ce luxe splendide
Ne sont de quelque attrait pour son âme intrépide
Qui recherche, au-dessus de la cupidité,
La couronne de gloire et d'immortalité.

LE MONDE

Hélas! je le vois bien, impossible, Madame
De m'entendre avec vous...

(*A part.*)

Quelle insensible femme !

Sa douceur.

FRÈRE ET SŒUR.

Je le connais fort bien ce garçon emporté,
Converti par sa sœur, ange de charité.

LE FRÈRE, dix ans.

(*Une ligne à la main.*)
Laisse-moi profiter, aujourd'hui, de l'absence
De nos parents. Jeudi, c'est un jour de vacance.
Je prends ma ligne et vais avec Pierre à l'Alzou.
Ah ! la pêche au goujon ! Tu le sais, j'en suis fou !

LA SŒUR, seize ans.

Et tes devoirs, et tes leçons, mon petit frère ?
Sais-tu ton catéchisme, et sais-tu ta grammaire ?

LE FRÈRE

Sois donc, pour une fois, plus gentille, ma sœur.
Cette pêche au goujon ferait tant mon bonheur !
J'ai rendez-vous; j'y vais...
　　(Il ouvre la porte ; sa sœur la ferme.)

LA SŒUR

　　　　Oui, mais, après l'étude !

LE FRÈRE

(Il ouvre de nouveau.)
Au revoir. A ce soir. Sois sans inquiétude.

LA SŒUR

(Elle l'arrête et ferme la porte à clef.)

LE FRÈRE

(Irrité.)
Pierre, je te l'ai dit, au rendez-vous m'attend.
Que j'aille l'avertir ! Je reviens à l'instant.

LA SŒUR

L'avertir ? A quoi bon ?

LE FRÈRE

　　　　Mais, c'est la politesse
Dont nos parents et toi, vous me parlez sans cesse.

LA SŒUR

La vérité, c'est que Pierre ne t'attend pas.

LE FRÈRE

Mais, si...

LA SŒUR

Non, mon cher frère... Et madame Lebas
Sa mère, m'a bien mise au courant de la chose.
Ils te l'ont dit, hier. Leur maison sera close.
Ils doivent s'absenter. Tu le sais comme moi.
Alors, pourquoi vouloir me tromper ? oui, pourquoi ?...
(*Scène de colère. L'enfant frappe du pied et secoue la
   porte. La sœur continue à travailler, en silence
   Puis, l'enfant, furieux, va s'asseoir à côté de son
   pupitre.*)

LE FRÈRE

Tu n'es qu'une méchante et ne veux plus entendre
Ton éternel refrain : « Sois doux, aimable, tendre
Et pieux... Et travaille ! » A toutes les vertus
D'une méchante sœur, oh ! non, je ne crois plus.
« Du travail, et du bon ! » tiens, oui, je veux en faire ;
Allez ! hop, porte-plume ; hop, toi, vieille grammaire !
A ton tour, encrier !|
(*La sœur arrive à temps et, vivement, elle veut le lui
   arracher des mains.*)

LA SŒUR

Oh ! que c'est mal mon frère !
Eh ! quoi, jeter ainsi porte-plume, grammaire !
Voyons ; sois raisonnable et laisse l'encrier...

LE FRÈRE

Si tu donnes la clef, sinon point de quartier...
Si tu ne lâches point, sais-tu, je vais te mordre.

LA SŒUR

Frère, crains le bon Dieu qui punit tout désordre...

LE FRÈRE

V'lan ! Attrape !... — Et l'enfant, de son poing furieux,
Pousse brutalement l'encrier jusqu'aux yeux
De sa sœur qui reçoit, par ce geste rapide,
Un formidable coup et tout le noir liquide.
Après, sa voix' trembla : «Me pardonnes-tu, sœur ? »

LA SŒUR

La sœur, en s'essuyant : « Frère, de tout mon cœur. »
Puis, de sa douce main, agenouillant son frère :
« Le Pardon vient, de Dieu ! Récitons : *Notre Père.* »

Sa bienveillance.

Quand on veut se juger soi-même,
L'aveuglement devient extrême ;
Et l'esprit, même le meilleur,
Est trop souvent « dupe du cœur ».
Quand c'est le prochain ? D'ordinaire
Le jugement est téméraire.
Car Dieu seul peut voir jusqu'au fond
Du cœur humain : vase profond.
La Charité de l'Évangile
A tous rend la chose facile,

Elle dit : « Point de jugement,
Ou jugez favorablement. »
Elle calme, ou met à la porte
L'imagination trop forte ;
Rassure tout esprit craintif
Qui se tourmente sans motif,
Et ne voit guère, sur la terre,
Que le brigandage ou la guerre ;
Semblable à ce petit enfant
Qui s'enfuyait en sanglotant,
Apercevant, la nuit, dans l'ombre,
S'agiter le feuillage sombre;
Car, à sa poursuite, il voyait
Tous les arbres de la forêt...
— Elle, au contraire, a confiance
Dans la divine Providence,
Qui fait servir le mal au bien.
Dans ses bras elle ne craint rien.
Loin d'avoir la mine farouche,
Le ricanement de la bouche,
Des airs soupçonneux, méfiants,
Qui couvrent de noirs sentiments;
Ces gestes laids d'une âme basse...
Quel air de bonté ! Quelle grâce !
C'est notre « Bon Samaritain »
Chez Simon le pharisien,
Qui comprend l'amour, la tristesse,
Les larmes de la pécheresse
Versant un parfum précieux
Sur ses pieds. Ce geste pieux,
Il le bénit, Il le proclame,
Et répand son meilleur dictame,

Pour récompenser à son tour,
Et le repentir et l'amour.
— A côté, voyez les grimaces
Des Juifs et leurs hideuses faces.
A part, chacun d'eux murmurait :
« Ah ! s'il savait ! Ah ! s'il savait !

Sa passion de la justice et de la vérité.

C'était un ennemi, cet homme haut placé.
Hier il est tombé; le voici terrassé,
Malade, sans amis, sans crédit, sans fortune.
La belle occasion et combien opportune,
Dit le vindicatif, d'ajouter à ses maux,
Et de l'humilier par de méchants propos.
L'homme vil et sournois se plaît dans le silence,
Afin de savourer seul cette déchéance.
L'hypocrite, d'un ton solennel et pédant :
« Ainsi tombent toujours les cèdres du Liban ».
Il n'a, dit le grincheux, que la part qu'il mérite.
Et le jaloux conclut : pourquoi monter si vite ?
— Pas l'ombre, dans ces cœurs, de générosité.
Point de noble pensée, et nulle charité,
Mais sotte passion, égoïsme, injustice,
Et rancune d'une âme abandonnée au vice.
Ah ! non, la Charité ne s'est jamais permis
De si bas sentiments contre ses ennemis.
Le pardon, le besoin d'alléger leur souffrance,
Une pitié sincère est toute sa vengeance.
Cet homme est malheureux ? Elle lui tend la main.

Il est pauvre ? Elle l'aide ; elle lui fait du bien.
Elle est la source claire, abondante et féconde,
Qui ne mêle jamais de la boue à son onde.
La nouvelle du jour ! Cet ennemi vaincu,
L'homme qu'on proclamait à jamais abattu,
Sort de la tombe par je ne sais quel miracle.
Et le voilà debout sur un plus haut pinacle.
Le peuple admire en lui ce merveilleux ressort
Qui l'a rendu vainqueur du plus malheureux sort,
Il chante ses vertus, applaudit sa parole,
Exalte ses bienfaits. Il en fait son idole.
Alors, sournois, grincheux, jaloux, vindicatif
De gémir ! Et de l'air le plus rébarbatif :
« Tout est perdu ! voyez ! Tout va du mal au pire !
C'est un être incapable ! un sectaire ! un vampire ! »
... La Charité, bien loin de cet emportement,
Voit le bien et voit Dieu dans cet avancement.
Et, sans le piétiner, sans frémir de colère,
Parle un langage humain à l'homme populaire,
Nullement agressif, dont la sincérité,
La force et la chaleur prouvent la vérité.
Elle sait que demain, Dieu, s'il le juge utile,
Brisera sans merci l'idole aux pieds d'argile.

Sa confiance et son espérance.

Quand du prochain tu parles bien
Frère, j'aime ton entretien.

Veux-tu le montrer imparfait ?
Ton langage alors me déplaît.

Si je garde un prudent silence,
En sa faveur est ma croyance.

Si je réponds, c'est que j'espère
Son amendement salutaire.

Je ne pense et je ne crois rien
De mon cher prochain que le bien.

J'espère toujours, et je crois
Qu'il vit à l'ombre de la Croix.

Son héroïsme dans la souffrance.

Christ, j'aime, j'espère, je crois,
Et je souffre, aux pieds de ta croix.

C'est dans ta croix qu'est la semence
De la bonne et sainte souffrance.

Par elle, en cet exil d'un jour,
Tu divinises mon amour.

O Croix ! source de ma vaillance,
De ma foi, de mon espérance,

A tes pieds, je veux tout souffrir,
Tout supporter, et puis mourir.

Si l'on me frappe et l'on m'outrage,
Je contemplerai ton image.

Christ, j'aime, j'espère, je crois.
Que je meure aux pieds de ta croix !

Son immortalité.

Ah ! le beau mais rude chemin
Que la céleste messagère
Illumine, en prenant ma main !
Il nous conduit jusqu'au calvaire;
D'où, quittant l'exil de la terre,
Nous monterons au Ciel demain.

LA CHARITÉ ET LE MONDE

Très généreux, mais en paroles,
Et plein de promesses frivoles,
Le monde oublie effrontément
De fixer le jour du paîment.

Avec beaucoup de bruit et de pompe, il célèbre
Tout parvenu fameux : enfant, homme célèbre;
Fait sa cour aux gens fortunés,
Amateurs du faste et bien nés.

Il réserve aux heureux son sourire et sa grâce,
Au pauvre, sa pitié, qui semble une grimace;

A l'homme vertueux, au modeste savant,
        Un coup de griffe, un coup de dent.

        N'allons pas chercher dans le monde
        Une bonté simple et profonde :
        Toujours un brin de vanité
        Se glisse dans sa charité.

        Plus élégant que magnanime,
    Dans un danger formidable et pressant,
Il n'a jamais l'élan, ni le geste sublime
        D'une mère pour son enfant.

        Voulant trop éblouir et plaire,
        Sa bonté devient mensongère;
Et la déception nous reste pour tout bien,
        C'est-à-dire encor moins que rien.

LE CULTE DIVIN

> La plus belle attitude de l'humanité
> C'est d'être agenouillée devant Dieu.
>   LAMARTINE.

Écoutez ! Que disent ces voix,
Qui parlent toutes à la fois ?
Voix timides ou voix puissantes,
Douces, légères, éclatantes :

Voix des torrents ; voix des ruisseaux
Gazouillant parmi les roseaux ;
Simple murmure de la brise
Caressant les fleurs du cytise ;
Petits cris d'oiseaux frémissants ;
Formidables gémissements
Des flots mourant sur le rivage...
Que disent ces voix ? Quel hommage
Répète la terre, en tout lieu ?
— La terre dit : « Adorons Dieu ! »

Écoutez ! Écoutez ces voix
Qui chantent toutes à la fois :
Voix timides ou voix puissantes ;
Douces, légères, éclatantes :
Voix du rossignol, l'enchanteur
De la nuit, le maître du chœur ;
A l'aurore, de la fauvette ;
Dès le soleil, de l'alouette ;
Dans les prés fleuris, du grillon ;
Sur le pommier, du gai pinson...
Au fond des bois, sous le feuillage,
Que chantent ces voix ? Quel hommage
Répète la terre, en tout lieu ?
— La terre chante : « Adorons Dieu ! »

Et, pour mieux écouter encor,
Sous vos pieds, d'un suprême essor,
Foulez nos montagnes hautaines,
Contemplez les sphères lointaines.
Entendez-vous ? Entendez-vous ?
Leurs grandes voix viennent à nous,

Se mêler aux chants de la terre,
Aux bruits des mers et du tonnerre ;
Et se joindre aux sublimes voix
De tous nos clochers à la fois,
A toutes nos hymnes de fête...
Que chantent ces voix ? Que répète
L'immense univers, en tout lieu ?
— L'univers chante : « Adorons Dieu ! »

Hélas ! mais n'entendez-vous pas
Chanter ou murmurer tout bas :
« Le Dieu que l'univers adore,
Moi, je le hais, moi, je l'ignore !
De quels trous des brûlants déserts,
Sortent ces cris, ces chants pervers ?
Est-ce un hurlement des étoiles
Que la nuit couvre de ses voiles ?...
Non ! ces chants, ces cris sont poussés
Par des êtres civilisés !
Contre ces voix de haine impie,
Que le monde entier chante et crie,
Au Ciel, sur la terre, en tout lieu :
« Adorons Dieu ! Adorons Dieu ! »

LE CULTE DE LA SAINTE VIERGE

Regina virginum.

O Reine des cœurs purs, ô Vierge immaculée !
    Le plus beau lys de la vallée,
    Plein d'une céleste rosée,
A ton calice boit la colombe exilée.

Rosa mystica.

Rose de Jéricho, chaste fleur du Carmel,
Plus belle, au milieu des épines d'Israël,
Plus suave qu'encens et myrrhe, et que cinname,
Délices de mon cœur et parfum de mon âme.

Regina martyrum.

    A tes pieds, ô sainte Vierge,
    Que mon cœur soit comme un cierge
    Qui se consume à l'autel.
    Brûle en moi, divine flamme,
    Toute impureté de l'âme ;
    Monte, monte, jusqu'au Ciel !

Le chef-d'œuvre.

L'ENFANT

O ma bonne mère,
Par quelle prière
Pourrai-je vous plaire ?
Voulez-vous des chants
Plus doux, plus touchants ?

MARIE

Mon cher enfant, voici le « chef-d'œuvre », la page
Que j'aimerais de toi, plus que tout autre hommage.
C'est la page de vie où se peindrait l'image
De mon humilité, de mes autres vertus.
Car, alors, je verrais revivre en toi, Jésus.

Étoile du soir.

La nuit, dans l'orage,
Pendant le naufrage,
Et si loin du port,
Lorsque ma nacelle
S'incline et chancelle,
Sans craindre la mort,
J'invoque Marie,
Ma mère chérie,

L'Étoile du soir ;
Et la douce étoile,
Glisse dans ma voile
Un rayon d'espoir.

Après mon naufrage,
Mourant sur la plage,
Sans humain secours,
Encor, ma prière
Monte vers ma Mère,
Mon espoir, toujours :
Toujours son bel astre
Luit sur mon désastre ;
Il vient délivrer
D'une fin cruelle
Ma pauvre nacelle ;
Il vient me sauver !

Refuge des pécheurs.

Pauvre enfant coupable
Et si misérable !
Ne t'endors jamais
Sans une prière
A ta bonne Mère ;
Sans lui dire : « *Ave !* »
Lors, dans sa tendresse,
Voyant ta détresse,
Elle écoutera...
Sa pitié profonde,
D'une vie immonde
Te délivrera.

AVE, MARIA ; SALVE, REGINA !

I

Jeunes gens et jeunes filles
De nos chrétiennes familles ;
Vieillards et petits enfants,
Faites entendre des chants
De tous nos pays de France,
De Paris à la Provence,
Du Nord au Midi. — Gascons,
Normands, Picards, Beaucerons,
Pieux gars de la Bretagne,
Du Centre, de la Champagne,
Faites entendre vos chants,
Dans les villages, les champs,
De la montagne à la plaine...
Fils d'Alsace et de Lorraine,
Faites entendre vos chants
Suppliants et confiants.
Chants d'amour et de louange
Avec l'Église, avec l'Ange :

Refrain.

Chantez l'*Ave* glorieux;
Chantez la Reine des Cieux.
   Ave, ave, Maria !
   Salve, salve, Regina !

II

Montagnards des Pyrénées,
Et des Alpes fortunées,
Faites entendre des chants
Plus beaux et plus éclatants.
Que partout l'écho répète :
O Lourdes ! ô La Salette !
Ici, du pied virginal,
Chantez le pas triomphal ;
Tant de miracles sublimes,
Illuminant ces abîmes !
O France, toujours, là-haut
Que soit béni ton drapeau !...
— Et vous, saints pèlerinages
Anciens et des nouveaux âges :
Longpont, Rocamadour, Fourvières, Pontmain,
Chartres, Liesse, Cléry, Livron, Pellevoisin,
Notre-Dame des Victoires...
Sanctuaires de nos gloires,
Faites retentir nos chants
Suppliants et confiants.
Chants d'amour et de louange,
Avec l'Église, avec l'Ange.

Refrain.

Chantez, etc.

III

Petit soldat sous les armes,
Soumis aux rudes alarmes,
Fais entendre aussi tes chants
Suppliants et confiants,
En l'honneur de la Madone
Qui dans ton pays rayonne;
A qui ta mère et ta sœur
Ont porté plus d'une fleur.
— Et toi, sur l'onde perfide,
Marin, pêcheur intrépide,
Souviens-toi de l'*ex-voto*
Qu'a promis tout matelot
Chrétien, sauvé du naufrage.
Au fort du danger, courage !
Fais entendre, alors, tes chants
Suppliants et confiants,
A la Vierge qui te garde,
Notre-Dame de la Garde;
Ou la Vierge du terroir,
Ton étoile et ton espoir.
Chants d'amour et de louange
Avec l'église avec l'Ange :

Refrain.

Chantez, etc.

IV

Mais, il est d'autres ravages
Que la guerre et les naufrages ;
Il est un plus triste état
Qu'être marin ou soldat.
C'est l'état d'une pauvre âme
Dans le péché, qui réclame
Salutaire et prompt secours,
Ou c'est la mort pour toujours,
L'affreuse mort éternelle.
Ah ! quelle perte cruelle,
Quel terrible châtiment
Que cet éternel tourment !
O pêcheur à l'agonie,
Dis, avec l'Ange à Marie
« L'*Ave* » ; ce cri de ton cœur
Est présage de bonheur.
Par sa grâce suppliante,
Marie est toute-puissante.
Toujours son Fils entendra,
Et le Père exaucera
La charitable prière
De l'épouse et de la Mère.

Refrain.

Chantez, etc.

LE CULTE DES SAINTS

Foule, banquets, discours et bruit, cela se nomme
Dans le monde, fêter avec pompe un grand homme.
On l'escorte parfois, jusqu'en son Panthéon,
Avec les hurlements de la sédition :
C'est qu'il avait semé cette graine lui-même.
N'est-il pas juste alors d'avoir du fruit qu'on sème ?
Beaucoup mieux avisés que l'« Intellectuel »,
Nos Saints avaient semé pour récolter au Ciel.
Ici-bas méprisés, Dieu leur donne la gloire ;
Après mille combats, l'éternelle victoire ;
Une paix ineffable, un bonheur sans déclin,
La couronne de vie, une palme à la main.
A ces honneurs du Ciel Dieu joint ceux de la terre.
Il en charge l'Église. Elle, qui fut leur mère,
Avec quels soins pieux, quel zèle et quel amour,
Pour les célébrer tous, tantôt, choisit un jour ;
Tantôt, pour chacun d'eux, établit une fête,
Une messe, un office, et se fait l'interprète,
L'universelle voix, qui dit bien haut et fort
Leurs miracles, leur vie et leur pieuse mort ;
Met dans des chasses d'or leurs reliques sacrées,
De siècle en siècle, auprès des foules vénérées.
Leurs images, partout, brillent sur les autels,
Sont peintes dans les nefs, eucologes, missels.
Pour chaque nouveau-né, c'est l'Église elle-même
Qui nous convie au choix de leurs noms, au baptême,

Afin de protéger par eux tous les berceaux,
Comme ils gardent aussi, nos cités, nos hameaux.
— Voici du Saint patron la fête solennelle.
La veille, dès le soir, que son église est belle !
Après les tintements des joyeux carillons,
Dans les confessionaux, après tous les pardons,
Tous les autels parés de fleurs et de lumières,
Allez à sa statue, offrez-lui vos prières,
Épanchez votre cœur. C'est le pieux moment
Du sublime silence et du recueillement.
Et, demain, ce sera la divine harmonie
De l'orgue qui gémit, de votre âme qui prie.
Demain, un jour d'extase, un jour délicieux,
Où la terre se tait pour écouter les Cieux.

LE SERMENT D'ÉLIÉZER

On voit dans tous les temps que, pour mieux protéger
Biens, liberté, famille, et, quelquefois, sauver
Les droits de la cité, l'honneur de la patrie,
L'homme, par le serment, à Dieu même se lie ;
Qu'il le prend à témoin de la fidélité
De ses engagements, et de la vérité
De sa parole...

        ...Et que, ces gestes, ce langage,
A les rendre sacrés, Dieu lui-même s'engage.

Entre mille, admirons, dans l'Ancien Testament,
Du serviteur Éliézer le beau serment.
Son vieux maître, Abraham, va mourir. Il appelle,
A ses derniers moments, le serviteur fidèle :
« Jure par le Seigneur, jure-moi que mon fils
N'épousera jamais femme de ce pays.
Jure d'aller chercher en Mésopotamie
La femme qui convient à ma race bénie,
La femme d'Isaac, au pays des aïeux.
— Mais, répond, hésitant, le serviteur pieux,
Je pourrais rencontrer, maître, une jeune fille
Qui ne voudra quitter ni pays, ni famille.
Dois-je emmener là-bas votre fils ?
                        — Non, jamais.
Dieu veut combler ici ma race de bienfaits.
Quand Il me fit quitter la maison de mon père,
Lui-même, Il me jura de la rendre prospère.
Je crois, Éliézer, au serment du Seigneur.
— Maître, voici le mien, dit le bon serviteur.
En présence de Dieu, je jure obéissance
A vos ordres sacrés ! »
                    — Le jour même, il commence
Tous les préparatifs d'un voyage lointain,
Charge sur dix chameaux les présents, l'eau, le pain,
Toute provision et toute nourriture
Pour l'homme; et ce qui sert aux bêtes de pâture ;
Les tentes, pour se mettre à l'abri, tour à tour,
De la fraîcheur des nuits, de la chaleur du jour.
Ayant longtemps suivi la radieuse plaine
De Mésopotamie, il vient à la fontaine
De Nachor, quand, le soir, les filles du hameau
Sortaient de leurs maisons pour aller puiser l'eau :

« Dieu d'Abraham, dit-il, entendez ma prière !
La jeune fille qui m'offrira la première,
Sur ma demande, à boire, en penchant son vaisseau,
Et me dira : « Je vais abreuver vos chameaux »,
Que ce soit celle-là destinée à mon maître
Isaac. C'est ainsi que je verrai paraître
Votre miséricorde à votre serviteur. »
A peine a-t-il tenu ce propos dans son cœur,
Qu'à ses regards paraît une très belle fille,
Dont le père, Bathuel, était de la famille
D'Abraham; c'était la charmante Rébecca.
Sur sa robuste épaule elle soutient d'un bras
Recourbé, sans effort, venant de la fontaine,
Son vaisseau déjà plein, qu'elle porte sans peine.
Vers elle, s'empressa d'aller le serviteur
Qui demanda de l'eau...
                        Elle lui dit : « Seigneur,
Buvez. » Au même instant, son bras, plein de souplesse
Tient le vaisseau penché. Lui boit dans l'allégresse,
Et, du fond de son cœur, il rend grâces au Ciel
Qui met sur son chemin la fille de Bathuel.
Brûlés par le soleil sur la route poudreuse,
Les chameaux haletaient. Aimable, gracieuse :
« Je vais puiser de l'eau et remplir les canaux,
Aux bords de la fontaine où boiront vos chameaux. »
— Et, quand tous eurent bu :
                        « Comme ils sont las ! dit-elle,
Je vous offre pour eux la maison paternelle;
Venez. » Le serviteur offrit de son trésor
A la charmante enfant deux lourds bracelets d'or.
En peu de temps, il sut conclure un mariage;
Préparer le retour de cet heureux voyage;

A son maître amener la belle Rébecca,
Pour adoucir la mort de sa mère Sara.

LE PARJURE DE SAUL, ROI D'ISRAEL

David, l'heureux vainqueur du géant Goliath,
Au temps du roi Saül, dans maint autre combat,
Contre les Philistins signala sa vaillance.
En lui, le peuple aimait la force et la prudence
D'un chef toujours soumis à l'Esprit du Seigneur.
Écuyer de Saül, premier dans sa faveur,
Tout change, avec l'humeur et la mélancolie
Du roi, qui deviendront et fureur et folie,
Après avoir appris, par le vieux Samuel,
Qu'il était, désormais, abandonné du Ciel.
David, forcé de fuir la cour pour la montagne,
A trouvé l'ami sûr, qui de cœur l'accompagne,
Dans le fils de Saül, le brave Jonathas.
En surveillant le père, il guidera ses pas.
Quel modèle idéal d'une amitié fidèle !
Plus qu'à sauver David il exerce son zèle.
Il oblige le roi, par de touchants discours,
A le faire rentrer triomphant à la cour.
« Vive Dieu ! dit Saül ; entre nous, paix complète.
Je le jure ! il aura sécurité parfaite. »
— Mais combien peu tiendront les solennels serments
Dans ce cœur toujours plein de noirs pressentiments.

Et ce qui mit le comble à sa haine sauvage
Fut d'entendre chanter aux femmes de tout âge,
Du héros d'Israël les exploits éclatants.
Elles s'interpellaient entre elles, dans leurs chants :
« Saül a tué mille ennemis.
                              — O victoire !
— Et dix mille, David.
                              — A lui, plus grande gloire ! »
Dans sa fureur, Saül prend un parti fatal.
Armé de son épée, il fond sur son rival,
Et cherche à le percer de deux coups formidables,
Au moment où David, musicien charitable,
Pour calmer sa folie, avait la harpe en main.
Du parjure insensé les efforts furent vains.
Le Ciel sauva David... De Saül la colère
Ne finit qu'à sa mort, dans une horrible guerre
Avec les Philistins. David, en noble cœur,
Bientôt vengea la mort de son persécuteur.

LE VŒU DE JEPHTÉ

Les fils d'Ammon, adorateurs du Dieu Moloch,
Répandaient la terreur de l'Arnon au Sadoc,
Et, lançant sur Juda leurs hordes malfaisantes,
Au cœur de Galaad avaient planté leurs tentes.
Dans ce grave danger, le juge d'Israël

Jephté s'adresse à Dieu par un vœu solennel :
« Seigneur, Dieu d'Abraham, sans Toi pourrais-je abattre
Ce féroce ennemi qu'il faut toujours combattre ?
Pour avoir ton secours, je viens te faire un vœu
Devant chefs et soldats réunis en ce lieu,
Sous les murs de Maspha. Sauve ton héritage,
Agneaux que des lions déchirent avec rage...
Si ton bras, soutenant le mien, me rend vainqueur,
Aussitôt mon retour, j'immolerai, Seigneur,
Celui qui, le premier, viendra me rendre hommage,
Sortant de ma maison. Qu'il soit donc comme un gage
De ma religion profonde et de ma foi,
Qu'entièrement la Vie et la Mort sont à Toi.
Il sera l'holocauste et la victime pure
Offerts au souverain Maître de la nature. »
— Après un grand combat, l'ennemi terrassé
Fut, sans aucun répit, par Jephté pourchassé.
Au retour... ah ! pourquoi sa voix devient tremblante,
Dès qu'il voit la personne aimable et souriante,
Qui vient à lui, chantant, dansant, pour l'embrasser ?
Et pourquoi, n'ayant pu, lui, s'en débarrasser,
Il dit : Malheur à moi ! »

      Hélas ! Il est le père !
Comme il voit bien l'erreur de son vœu téméraire !
Mais la douleur lui fait ajouter sans raison :
« Fille, tu m'as trompé; c'est une trahison ! »
Et le père insensé parle de la promesse
Qu'il avait faite à Dieu...

      — Mais elle, sans faiblesse :
« Père, faites de moi ce qu'exige le vœu ! »
— Deux mois après, l'enfant fut immolée à Dieu.

LE VŒU DE LA MÈRE DE SAMUEL

Au temps d'Héli, grand prêtre et juge d'Israël,
A Silo, dans le temple, une femme en prière
Pleurait et gémissait en regardant le ciel.
Elle disait à Dieu : « Faites que je sois mère,
Seigneur ; je souffre trop de ma stérilité.
Car, parmi tous les biens répandus sur la terre,
En est-il de plus doux que la maternité ?
Daignez prendre en pitié ma profonde misère.
Écoutez de mon cœur le vœu le plus ardent :
En m'accordant, Seigneur, un fils, moi, par serment,
Par ce vœu solennel, je l'engage, à la vie,
A la mort, pour l'autel. Je vous le sacrifie.
Que jamais le rasoir ne touche à ses cheveux! »
— Le Seigneur entendit le langage pieux
De cette femme en pleurs. Il changea sa tristesse,
Après neuf mois d'attente, en des jours d'allégresse.
Anne, c'était son nom, ayant reçu du Ciel
Un fils selon son vœu, le nomma « Samuel ».
Il fut grand devant Dieu, Juge, prêtre, prophète.
Dieu sut récompenser d'une façon parfaite,
De l'amour maternel les nobles sentiments,
Et cette heureuse mère eut encore cinq enfants.

LE VŒU DE CLOVIS

Il est un vœu dans notre histoire,
Dont nos cœurs chrétiens et français,
Ne peuvent perdre la mémoire :
Un vœu qu'ils n'oublieront jamais.

Il sortit de la bouche même
Du roi Clovis, encor païen.
Et c'était à l'heure suprême
D'une bataille, aux bords du Rhin.

Pour Clovis, elle était perdue.
Les Alemans sont triomphants :
Contre son armée abattue,
Ils poussent des cris insolents.

De ses dieux voyant l'impuissance :
« Dieu de Clotilde, sauve-moi,
Dit-il ; si tu prends ma défense,
Je n'aurai d'autre Dieu que Toi ! »

Sa prière ne fut point vaine.
Sous les plis de ses étendards,
La victoire vole, sereine ;
L'ennemi fuit de toutes parts.

— Noël ! Noël ! jour d'allégresse !
Dans le baptistère de Reims,
Le roi Clovis tient sa promesse.
Trois mille Francs se font chrétiens.

LE BLASPHÈME

Contre Dieu, la Grandeur suprême,
Se dresse l'orgueilleux Blasphème,
Avec ses sifflements maudits.
Son venin coule au Paradis
Terrestre, où la première femme
Entendit la parole infâme
Du serpent : « Vous serez des dieux. »
— Est-il mot plus audacieux ?
Or, ce poison d'orgueil, encore,
Coule dans l'homme, qui s'adore,
A la place du Créateur,
Sur l'autel de son propre cœur.

Contre Dieu, la Bonté suprême,
Les ingrats lancent leur Blasphème.
A nous, les dons de Dieu : Santé,
Richesse, Force et Liberté.
A nous, le cœur, l'intelligence,
Produits, tous, par notre Science...
Pourquoi donc se mettre à genoux
Devant Dieu ?... Le Monde, c'est nous
Qui le créons. Sot qui dit : « Père »
A Dieu, quand il fait sa prière;
Car, à la mort, tout doit finir,
Dans le Néant s'évanouir.

Contre la Sagesse suprême,
Grogne le stupide Blasphème
D'un homme toujours mécontent,
Toujours hargneux et médisant,
Qui fait, par honteuse ignorance,
Le procès de la Providence.
Printemps, Été, Automne, Hiver,
Tout, selon lui, va de travers.
Pourquoi la triste maladie ?
Pourquoi la mort ? Pourquoi la vie ?
Pourquoi tant de pluie et de vent ?
Et pourquoi le soleil ardent ?

Contre l'Amour de Dieu lui-même,
Hélas ! vient gémir le Blasphème...
Le Blasphème d'un pauvre cœur,
Révolté contre sa douleur !
Pleurez ! Laissez couler vos larmes,
Comme le Christ. Mais point d'alarmes,
Devant le cercueil d'un parent,
D'un tendre époux, d'un cher enfant.
Si Dieu vous l'a pris, c'est qu'Il l'aime,
Cœur désolé, plus que vous-même.
Espérez de le voir un jour,
Au sein de l'Éternel Amour.

Contre Dieu, sur la bouche même
De l'enfant, rampe le Blasphème !
L'enfant, du païen respecté
Dans sa candide pureté.
— L'enfant du jour trouve risible
Les récits de la Sainte Bible.

Pour lui, le « Bonhomme Noël,
Petit Jésus, n'ont plus de Ciel ;
Dieu n'est pour rien dans la colère
De Caïn contre Abel son frère,
Non. « Abel eut un meilleur vent ».
Qu'il paya du prix de son sang !

LE DIMANCHE

Jour du Seigneur, que mon Dimanche
Soit pur, et que mon âme, blanche,
Ait la beauté d'un Séraphin
Embrasé de l'Amour divin !

La voix de la cloche, à l'aurore,
Se fait entendre, plus sonore.
Je veux unir les battements
De mon cœur à ses tintements.

Pour honorer Dieu, ma toilette,
Dès le matin, sera complète :
Jamais de vêtements souillés,
Ni, jamais, d'habits déchirés.

Sitôt prêt, je pars, je m'empresse.
J'arrive avant la Sainte Messe,

Malgré le temps, un long chemin,
— Et malgré le respect humain.

La messe ! Sublime prière
Du Christ, c'est ma grande affaire.
— En semaine, avant mon travail,
Je mange, ainsi qu'un vil bétail.

Mais, le Dimanche, jour de fête,
Vive l'âme ! arrière la bête !
Avant le pain matériel,
Je me nourris du Pain du Ciel.

Il est une autre nourriture
Céleste, la Sainte Écriture,
Surtout l'Évangile du Christ,
Vie et charme de mon esprit.

Or, l'Église, dépositaire
De sa doctrine sur la terre,
Au prône, officiellement,
Me donne son enseignement.

Par la Messe, l'Eucharistie,
Le Prône, mon âme est nourrie.
J'ai passé la moitié du jour,
Aux sources du divin Amour.

Je veux, après la matinée,
Saintement remplir ma journée :
L'Église a placé dans ce but,
Et les vêpres et le salut.

Elle fait sortir les bannières,
Briller des cierges les lumières,
Le jour où le Saint Sacrement
Est porté triomphalement.

En ce dimanche, la phalange
D'hommes en deux files se range.
Pour moi, c'est un très grand bonheur
D'occuper mon poste d'honneur.

En tous points, je reste fidèle
Au beau rôle où mon cœur m'appelle.
Il faut, pour mon abstention,
Maladie ou grave raison.

S'agit-il d'œuvres sociales,
Chrétiennes, paroissiales ?
A l'appel je réponds : « Présent ! »
En catholique militant.

Parfois, — ce n'est pas sans angoisse —
Je suis absent de ma paroisse,
Par strict devoir de charité,
D'amitié, par nécessité.

Jamais travaux, achats ni ventes,
Soucis de gain, ne me tourmentent.
Dieu soit béni ! Ce doux repos
Pendant six jours me rend dispos.

Le soir, réunis en famille,
Grands garçons et petites filles

Prennent gaîment part au repas.
La prière suit les ébats.

— Ainsi finit mon beau dimanche...
Et je garde mon âme blanche,
Ardente, comme un Séraphin
Embrasé de l'Amour divin.

LA GRANDE GUERRE

Petits garçons, petites filles,
Bijoux charmants de vos familles,
Plus que rubis et diamants,
Votre âme est belle, chers enfants.

L'âme, Dieu la crée immortelle.
Et, quand la tache originelle
Ne souille plus sa pureté,
Elle est la céleste beauté :

Parure et charme de la terre.
— Or, voici que « la Grande Guerre »
Est déchaînée, en ce moment,
Sur vos belles âmes d'enfant.

Voici la guerre abominable :
Guerre acharnée, impitoyable,

Pour anéantir en tout lieu
Les plus jolis temples de Dieu.

Plus de dogmes ! Plus de morale,
Ni de poésie où s'étale,
Dans sa paternelle splendeur,
Le nom divin du Créateur !

A sa place, un maître d'école
Plaide pour quelque bestiole ;
Défend contre l'enfant brutal
Les droits sacrés d'un animal.

Il bâtit sa morale instable,
Sur la raison ? — Non. — Sur le sable,
Pour faire des émancipés,
C'est-à-dire des révoltés.

Avec cette morale inique,
On prépare l'« école unique ».
Ni Dieu, ni Parents; l'État,
Seul le Maître et le Potentat...

— Le Dieu que l'univers adore,
Pouvez-vous le garder encore,
Si vous le voulez bien, Parents,
Dans l'âme de vos chers enfants ?

Oui, mais parlez fort. Osez dire
A l'État, qui se fait vampire :
« Arrière ! L'enfant est à moi,
De droit divin, et non à toi. »

— Petits garçons, petites filles,
Bijoux charmants de vos familles,
Que vos tout premiers gouvernants
Soient Dieu, le Christ, vos bons Parents !

BONS PARENTS

Les petits drames de l'enfance,
Joie et larmes des premiers ans,
Sont mêlés, dans mon existence,
Au souvenir des « Bons Parents ».

Je l'entends retentir encore
Comme un écho très peu lointain,
Cette voix puissante et sonore,
Qui m'appelait soir et matin.

J'entends l'ordre bref de mon père :
« A tes devoirs ! A tes leçons ! »
Tandis que ma pieuse mère
Ajoutait : « Mon enfant, prions ! »

Immense bonté maternelle !
Incapable de le punir,
Pour corriger son fils rebelle,
Elle ne savait que souffrir !

Muette... Je vois son silence ;
De ses traits l'étrange pâleur ;
Je vois son œil, comme une lance,
Pénétrer au fond de mon cœur.

Elle a deviné ma détresse.
A peine avais-je dit tout bas :
« Pardon ! » qu'aussitôt sa tendresse
M'avait déjà tendu les bras.

Ah ! quel démon d'enfant terrible !...
D'avoir évité mille fois
La mort, c'est à l'ange visible
De la terre que je le dois.

N'est-ce pas un touchant mystère ?
J'ai trouvé sur tous mes chemins
La Providence de ma mère,
Son grand cœur et ses douces mains...

Petits drames de mon enfance,
Joie et larmes des premiers ans,
Vous liez bien mon existence
Au souvenir des « Bons Parents ! »

PREMIER RÊVE

J'étais un enfant
Très entreprenant,
Rêvant la conquête
Du ciel, sur ma tête :

Du ciel bleu, si beau,
Suspendu là-haut.
Et, dans un mirage
De cet heureux âge,
Brillait à mes yeux
La voûte des cieux,
La voûte azurée,
La voûte étoilée !
Ma petite main,
Montrait le chemin
Des courbes sublimes
Des vastes abîmes...
— J'avais vu souvent,
Le soleil levant
Quitter la colline,
Où le ciel s'incline ;
Puis la lune, aussi,
Faire comme lui.
N'est-ce pas la route,
Vers la grande voûte ?...
— Oui, j'irai là-haut,
Voir le ciel si beau !

Pour ce long voyage,
Rempli de courage,
Je pars, un matin,
Muni d'un gros pain,
Vers cette colline,
Où le ciel s'incline ;
Vers ce fondement
Du bleu firmament.

Sur sa couche rose,
Sommeille et repose
Le gentil soleil,
Dans le ciel vermeil,
Tandis que l'aurore
L'empourprait encore...

J'arrive au ruisseau
Où le vert roseau
S'agitait sur l'onde
Claire et vagabonde.
Là, petits goujons,
Et d'autres poissons,
Frétillent sans cesse
Avec gentillesse.
J'admirai leurs tours,
Et mille détours...
Tant qu'à cette fête
Je perdis la tête...

Déjà, le soleil,
Après son réveil,
Quittant la colline,
Embrase, illumine
Vallée et coteau.
Dans le clair ruisseau,
L'eau miroite et brille,
En courant, scintille.
Que je trouve beau
Ce petit ruisseau !
Au bord, sous le lierre,
Je vois une pierre,

Et veux m'asseoir là
Sans être bien las,
Les pieds dans l'herbette,
Sur les pâquerettes.
Puis, sans grande faim,
Grignotant mon pain,
Je jette des miettes
Aux fines ablettes,
Aux gentils goujons,
A tous les poissons.
L'immense famille
Se presse et fourmille,
Courant aux morceaux
Comme à des gâteaux.
Avec quelle joie
Ils mordent leur proie !...

Bientôt, sur le bord,
Imprudent, je dors.
Quel temps ? Je l'ignore.
Mais, j'en tremble encore !...
Au réveil, je vois
Glisser dans mes doigts
Une horrible bête,
Reposant sa tête
Froide, sur la main.
Qui tenait mon pain...
... Ah ! Fini, mon rêve !
Soudain, je me lève,
Glacé de frayeur
Stupide de peur ;

          Frissonnant, débile,
          Debout, immobile,
          Devant un serpent
          Dressé, menaçant...
          — Sans doute, ma mère
          Faisait sa prière,
          Et Jésus, content,
          Gardait son enfant !
          — Car l'horrible bête
          Battit en retraite,
          Et gagna, sous l'eau,
          Son nid de roseau.

RELIGION ET PATRIE

Quelle est patriotique et pieuse la vie
          Et l'histoire du vieux Tobie !
          Plus belle que tous les romans.
          Lisez, apprenez cette histoire,
          Et gravez-la, chers jeunes gens,
          Bien au fond de votre mémoire.
Voyez-le tout d'abord, quand il est jeune encor,
          Vivre dans sa patrie,
Par de mauvais bergers aux faux dieux asservie,
          Rester debout, en face des veaux d'or.
          Il fait toujours, et sans crainte, paraître
          La même foi que celle des ancêtres :

En famille, au dehors, modèle de bonté.
Admirez-le, plus tard, dans la captivité,
A Ninive, et vivant sur la terre étrangère,
Protégé par le roi vainqueur qui le vénère —
  Comme chez nous, au temps des lys,
  Il advint au Saint roi Louis, —
 Et, comme lui, quand souffle la tempête,
S'opposer aux méchants et tenir haut la tête;
Ensevelir les morts, secourir, visiter,
Parents, amis, voisins, et les réconforter,
En les maintenant tous dans la ferme espérance.
Il échappe à la mort, tombe dans l'indigence.
Privé de tout, aveugle, il est injurié
Même par ses amis, par sa femme insulté.
Est-ce dépit chez elle, ou honte, ou jalousie
D'être astreinte à chercher dans le travail sa vie ?
De falloir chaque jour qu'elle mette la main
A tisser de la toile, à préparer le lin ?...
...Un jour, elle eut pour gain un chevreau, qu'elle apporte
 Au logis... Mais Tobie entendant
Du petit animal le plaintif bêlement,
« Il s'est perdu, dit-il, qu'on le rende à son maître.
— De t'être dépouillé, reprit-elle en fureur,
T'a beaucoup rapporté ! Je te vois te repaître
Toujours de vains espoirs... ah ! la stupide erreur ! »
— Lui ne répondit rien à l'injuste colère.
Mais, tourné vers le Ciel, il fit cette prière :
« Ils sont justes et droits, Seigneur, vos jugements.
Nos péchés méritaient vos justes châtiments,
Notre captivité, nos morts et ce pillage...
Fixez-moi dans la paix de votre éternité,
Mon Dieu, si cela plaît à Votre Volonté ! »

LE COQ GAULOIS

Avec tous leurs bataillons
Et leurs lâches espions,
Les Boches, par millions,
Avaient envahi la France ;
Ils marchaient honteusement
Sur les cadavres sanglants
Des femmes et des enfants,
Inhumains et sans vaillance.

L'ennemi, par la terreur,
Jusqu'à la Marne vainqueur,
Menace Paris. L'honneur,
C'est la Mort ou la Victoire.
Hardi ! Brave Coq Gaulois,
Sus au Germain ! Cette fois,
Que le Ciel soit avec toi,
Pour ton immortelle gloire !

Plumes au vent, œil de feu,
Cœur loyal et généreux,
Chantant un air belliqueux,
Armé de son seul courage,
Notre Coq dit au Germain :
« Ni maintenant, ni demain,
Paris n'est pour toi... Vilain,
A te vaincre je m'engage. »

« Voici le Coq fanfaron,
Dit Guillaume à ses barons.
Dans nos sûrs abris rentrons.
Il vient à point, je l'espère...
Et nous aurons, mes amis,
Son grand et riche Paris ;
Des vins et des plats exquis...
... Ah ! Ah ! Quelle bonne affaire ! »

« Ia, ia, Paris est à nous !
En attendant, frappons tous,
Cachés au fond de nos trous,
Le petit coq qui nous brave.
A cet animal altier
Ne faisons point de quartier ;
Nous qui sommes du métier,
Et de la consigne esclaves. »

« A moi, Paris ! En avant »,
Dit le Coq Gaulois, chantant,
Œil de feu, plumes au vent,
Armé de son seul courage...
... Par la bouche des canons,
Les obus, en tourbillons,
Sur lui pleuvent à foison,
Et les marmites font rage.

Mais, il tient... Il tient encor.
Par un magnifique effort,
Il répand partout la mort,
En héros de la revanche.

Sous le fer et sous le feu,
Plumé, brûlé, loqueteux,
Il est fier, il est heureux
De crier, sous l'avalanche :

« En avant ! » — Et, jusqu'aux trous
Des Boches remplis de poux,
Il porte ses rudes coups...
... Malgré toute leur mitraille,
L'avantage des hauteurs,
Leurs pièges et leur fureur,
Il est, par sa belle ardeur,
Maître du champ de bataille.

GUERRE A L'ÉGOISME : PAIX SOCIALE

La paix, honteux repos, me glace comme un deuil.
Tant que mon corps n'est point couché dans son cercueil,
A d'autres de cueillir, au bout de leur carrière,
La pâle fleur des habitants du cimetière.
Guerre ! Voilà le mot des vivants et des forts.
Que la paix soit le bien des mourants et des morts.
La lutte sans merci, périlleuse, émouvante,
Seule a de la beauté pour une âme vaillante.
L'audacieux qui veut se tracer un chemin,
Reste toujours debout, les armes à la main.

Quels beaux champs de combat ! Qui sait encor le nombre
Des diamants du ciel étincelant dans l'ombre.
Fouillez, hommes savants, et dans chaque pays,
Parcourez l'univers, explorateurs hardis.
Du vrai sur l'ignorance étendez la conquête.
Peuples, applaudissez aux braves qui l'ont faite ;
A quiconque a le cœur d'affronter les hasards
Pour la religion, la science, les arts.
Et s'il faut même aller jusqu'aux glaces du pôle,
Héros, préparez-vous à ce sublime rôle.
Magnifiques exploits qui rendent l'homme grand !
Que de maux à guérir, sans en faire autrement !
L'égoïsme, entre tous, est le plus redoutable,
Le plus universel et le plus méprisable ;
Poison dessiccatif, acide destructeur,
Qui rapetisse l'âme et racornit le cœur.
La guerre à l'égoïsme est vraiment nécessaire
Pour obtenir le fruit d'une paix salutaire.
Ce fruit exquis peut-il mûrir en Occident,
Au soleil du Midi, sous le ciel d'Orient,
Sans terrasser le monstre, en un combat suprême ?
Non. La paix, dans sa mort, trouvera son baptême:
La vraie, et raisonnable, et fraternelle, enfin.
Vous ne permettrez pas que mon vœu reste vain,
Seigneur. Des malheureux je me sens l'interprète,
Et de l'humanité le trop faible poète.

AU RANCART

Aimez-vous ces vieux mots : Dieu, famille, patrie ?
Sont-ils votre idéal de gloire et de beauté ?
La source où vous puisez joie et fécondité ?
Non, si dans le plaisir vous traînez une vie,

Où votre âme, à vos sens chaque jour asservie,
Désertant son honneur, choisit la volupté.
La lumière du Ciel, la Sainte Trinité,
N'habitera jamais dans votre âme flétrie.

Incapable d'avoir de nobles sentiments,
D'aimer d'un amour fort l'épouse et les enfants,
Vous serez impuissant à créer la famille.

Quand sonne le tocsin, à l'heure du danger,
A l'appel du pays vous restez étranger ;
— Pauvre loque au rancart, misérable guenille.

———

MOI, VOLEUR ?

Quelqu'un a dit ce mot humiliant et triste:
« Mettez sincèrement la main sur votre cœur;
Qui de vous peut jurer qu'il n'est un peu voleur ? »
— Exagération ! Boutade d'humoriste !...

— Ou plutôt, vérité d'observateur profond,
Qui lit dans l'âme humaine, et voit la plaie au fond.
— Moi, voleur ?...
           — Certes, non ; mais comment, tout de même,
Être sûr de votre impeccable probité ?
La conscience doit résoudre ce problème,
Avec la plus loyale et parfaite équité.
— Que faire ?
          — Un examen — point sommaire et rapide —
Mais long, minutieux ; la revue intrépide,
De la cave au grenier, de votre appartement :
Armoires et tiroirs ouverts...
            — Parfaitement,
— Cet examen exige une honnête mémoire,
Qui ne confonde pas la légende et l'histoire.
Ainsi, votre récit d'un tableau merveilleux,
Trouvé dans vos papiers, me paraît fabuleux...
— Dans mes papiers, Monsieur, mêlés à la ferraille...
... Mes papiers de famille !...
           — Oh ! la belle trouvaille !
Et vos frères ?...
          — Et vous ? Êtes-vous héritier
Du parapluie et du livre de ce rentier,
Votre aimable voisin... qu'il vous prêtait, naguère ?
... Parce que, maintenant, il dort au cimetière !...
— Monsieur, ce parapluie est un vilain chiffon...
Le vieux bouquin ? une mauvaise édition,
Pleine de contresens, du fameux Don Quichotte.
Mais, demain, je les rends ; prenez-en bonne note.
— Bonne note ? Ah ! vraiment, c'est fâcheux, entre nous,
Quand on est à deux pas de l'héritier de tout !...
— Ne cornez pas si fort à mes pauvres oreilles ;

Quand on est à deux pas... qu'on garde mes bouteilles,
Et ma hache et ma scie, et, jusqu'à des ciseaux
Pour votre demoiselle...

                              — Et ma cage aux oiseaux
Pour Gaston ! Et...

                          — Assez ! L'eau de la mare souille...
Et, nous voilà tous deux plus sales que Gribouille !

LE PREMIER MENSONGE

Ève se promenant de l'une à l'autre aurore
        Dans le Paradis enchanté,
Abandonnait ses yeux, pleins de candeur encore,
        Aux charmes de la volupté.

Les étoiles, au ciel, disaient : « C'est la plus belle ! »
        Dans les bocages frémissants,
Les oiseaux saluaient par des battements d'aile
        La Souveraine de leurs chants.

Les insectes quittaient la terre, l'ombre et l'herbe;
        Les halliers, les gazons fleuris;
Et le creux du rocher et le fleuve superbe,
        En poussant leurs plus joyeux cris.

Quelle joie émanait d'elle sur toutes choses !
        A tous, elle donnait son cœur :

Et, mieux que les parfums de l'Éden, que les roses,
        Son sourire était le bonheur.

Mais de l'enfer jaloux vint le puissant reptile
        Qui, dans son cœur malicieux
Conçut, pour la tenter, un projet trop habile,
        Hélas ! et trop pernicieux !

D'abord, il la gagna par un très humble hommage.
        Sur ses pas le plus empressé,
Aux yeux d'Ève il parut toujours fin, toujours sage,
        Toujours fort, jamais dépassé.

Bientôt il eut acquis toute sa confiance.
        Quand le jour fatal arriva,
Pour souffler dans son cœur un esprit de démence,
        Le serpent infernal fut là.

En tête à tête avec notre imprudente mère :
        « Pourquoi Dieu, lui dit le serpent,
Pour restreindre vos droits, se montre-t-il sévère ?
        Et pourquoi ce commandement —

Auquel, je le vois bien, vous êtes si soumise !
        ... Même Adam !... et j'en suis surpris, —
De ne pouvoir manger la nourriture exquise,
        De tous les fruits du Paradis ?

— Nous pouvons en manger, dit la femme, ébranlée
        Par le « Pourquoi » du Séducteur ;
Sauf d'un seul, pour lequel la défense est portée...
        — Or, celui-là, c'est le meilleur !

— Comment le serait-il ? dit la femme tremblante,
    Puisque ce fruit donne la mort?
Dieu l'a dit : « Vous mourrez ! » Sa parole est puissante !...
    — Non ! Vous aurez un meilleur sort !

Dieu sait parfaitement qu'une plus belle vie,
    Connaissant le bien et le mal,
Vous échoit — qui jamais ne vous sera ravie —
    Vous serez dieux et son égal ! »

Ève, insensée, a bu cet effrayant mensonge,
    A mangé le fruit défendu,
Adam, aussi. Leurs yeux s'ouvrent, après le songe...
    Ils voient qu'ils avaient tout perdu.

OBÉISSANCE FILIALE A L'ÉGLISE

Monsieur Homais, borné par un court horizon,
Dans le monde, ne voit que Science et Raison.
« La raison, la science, ont, au siècle où nous sommes,
Dit-il, acquis le droit de conduire les hommes. »
— « Permettez, lui répond l'honnête Protestant,
A tout homme il faudra, même à l'homme savant,
Une religion. Et son guide est la Bible.
Perdu dans la forêt de ce monde visible,
Vous n'avez pas compris que le spirituel :
Dieu, notre âme, ont le pas sur le matériel.

La Bible est le mentor nécessaire à tout âge
Seule, elle peut sauver les hommes du naufrage,
Prenez la Bible, avec l'Évangile de Christ !
Ouvrez, lisez, croyez, livrez-vous à l'Esprit
De Dieu. Cela suffit au salut de notre âme. »
— « Cela ne suffit pas, l'histoire le proclame,
Dit l'Église romaine. Il faut l'Autorité,
A laquelle est promis l'Esprit de Vérité.
Et cette autorité repose tout entière,
Avec les clefs du Ciel, entre les mains de Pierre.
Soumis à son pouvoir souverain, ses enfants
Peuvent mieux observer les dix commandements.
Dans six nouvelles lois, l'Eglise Maternelle
Trace un chemin facile et très doux au fidèle;
Très clair, très praticable. Ici, l'autorité
Épuise ses trésors d'ineffable bonté. »

LES SIX COMMANDEMENTS D'UNE MÈRE

Les Fêtes.

Joie et Fêtes ! D'abord, celle de la Naissance
Du Sauveur, pour marquer notre reconnaissance
A l'Homme-Dieu, venu pour nous ouvrir le Ciel.
Est-il ordre plus doux que de chanter : « Noël ! »

Avec l'Ascension, nous célébrons sa gloire,
Quarante jours après sa complète victoire
Sur la mort et l'enfer. L'esprit religieux
De l'Église conduit notre pensée aux cieux.

L'Église, après le Fils, exalte de la mère
L'Assomption. Son âme et son corps, de la terre,
Par les Anges portés au céleste séjour,
Reçoivent le baiser de l'éternel amour.

Quatrième tableau : la Fête fraternelle
Des Saints. Quel stimulant de la vie immortelle !
Et l'Église nous dit : « Tous pécheurs comme vous,
Mais pécheurs pénitents, Dieu les couronne tous.

Bons soldats, ils n'ont point douté de la victoire.
Les voici parvenus au sommet de la gloire.
Afin qu'agisse en nous, grâce, exemple, leçons,
Même esprit, même cœur, tous, humblement prions. »

La Messe.

L'Église dit encor : « Mieux que notre prière,
Offrons l'Agneau de Dieu, Jésus-Christ, notre Frère.
L'Holocauste immolé par nous, sur nos autels,
Tous les dimanches et tous les jours solennels
Des fêtes, en l'honneur de Dieu, de sa Justice,
Et pour tous nos péchés. Pensez qu'au sacrifice
De la Messe est le Christ s'offrant, comme autrefois,
Quand, le Vendredi Saint, il mourut sur la croix.

Si vous restez absents de ce nouveau Calvaire,
Pendant ces jours bénis, vous vivez sans prière
Efficace, éloignés de la société
Chrétienne, et du foyer d'ardente charité...

La Confession annuelle.

Attentive aux besoins de l'âme,
L'Église sagement proclame
Pour tous, dès l'âge de raison,
La loi de la confession.

Une fois l'an, avec tendresse,
Elle demande, exhorte, presse
Les timides, les hésitants,
Les endormis, les inconstants.

Pour le vieillard, près de la tombe,
Pour le jeune homme qui succombe,
Victime du respect humain,
Elle est le Bon Samaritain,

Prête à verser le vin et l'huile,
A donner le remède utile ;
Le médecin surnaturel,
Qui tient en mains les clefs du Ciel.

Telle qu'une mère éplorée
Voyant en péril sa couvée,
Ses pleurs et ses gémissements
Voudraient sauver tous ses enfants.

Communion pascale.

Pâques ! ô joie ! ô délivrance !
Après les jours de pénitence,
Église, qu'ils sont beaux tes chants;
Tes Alleluias triomphants !

Chaque prodigue voit tes ailes,
S'ouvrir grandes et maternelles...
Viens dans la salle du festin
Te nourrir de l'Agneau divin.

Ne tarde plus, enfant coupable,
Viens goûter la joie ineffable,
Puiser la force et la douceur
Dans le bon « Pain du voyageur ».

Jeûne et abstinence.

Par deux fois notre bonne mère
Se montre à nous le front sévère,
Et promulgue des châtiments
Pour sanctifier ses enfants.

Lois du jeûne et de l'abstinence :
Symbole de la Pénitence
Qu'impose Dieu pour ses pardons
Qu'il aime et bénit de ses dons.

COMME MARIE

Celui qui fut le Créateur de la lumière,
Et dota l'univers de la stabilité,
Dit un mot pour semer sur notre aride terre
Tous les germes de vie et de fécondité.

A l'Église, il donna la grâce salutaire,
Pour la joindre, dans l'homme, avec la volonté ;
Les Sacrements divins, la Messe et la prière ;
La Bible, qu'il confie à son autorité.

Il mit entre les mains de son pouvoir suprême
Tous les trésors du Ciel, son divin Fils Lui-même ;
Et, pour guider ses pas, l'Esprit de vérité.

Comme Marie, Elle est une Mère féconde ;
En produisant et vie et grâce et sainteté,
L'Église, à chaque instant, donne Jésus au Monde.

LE PÉCHÉ

Je pense à la claire fontaine ;
Au jour où, tout petit enfant,
Je vis, avec étonnement,
Le soleil dans l'onde sereine.

Sans respect pour l'astre du jour,
Sans pitié pour sa belle image,
Ma main détruisit le mirage
En agitant l'eau tour à tour.

Mais, à peine la main cruelle
Prenait un instant de repos,
Que reparaissait dans les eaux
Du soleil l'image aussi belle...

Que faire pour chasser à fond
Sa figure importune et fière ?
Alors, dans mon âme guerrière
Chantent ces mots : « Prends un bâton ! »

Armé de l'instrument terrible,
J'arrachai mousse, herbe, lichen,
Et chassai le soleil si bien
Qu'un seul rayon n'en fut visible...

— Beau soleil de ton âme, enfant,
Dieu brille au fond, quand elle est claire,
Pleine de grâce printanière ;
L'esprit chaste et le cœur fervent.

Si tu portes ta main cruelle
Sur le soleil étincelant
Qui dans ton âme est si vivant,
Tu deviens un petit rebelle,

Ami du péché véniel ;
Et tu déformes cette image

Qui fait la splendeur de ton âge.
L'âme n'a plus son beau soleil !

Mais, poussant plus loin ta démence
Et ta honteuse trahison,
Tu peux éteindre tout rayon,
Et chasser Dieu de ton enfance.

Enfant, te voilà criminel.
Plus de lumière et plus de flamme,
Plus de vie au fond de ton âme,
Où règne le péché mortel.

VICE ET VERTU

Pour l'homme voyageur, le Ciel est la patrie ;
La terre, un lieu d'épreuve, où richesses, honneurs,
Plaisirs, sont un obstacle aux éternels bonheurs,
Les aimer comme but, c'est vice et c'est folie.

L'homme qui s'y complaît, au cours de cette vie,
Par sept canaux impurs respire les odeurs,
Et boit tous les poisons de ces perfides fleurs ;
Le cœur en est souillé, l'âme reste flétrie.

Foulant l'obstacle aux pieds, seul, l'homme vertueux,
Marche sans hésiter sur le chemin des cieux,
Le cœur toujours plus haut, l'âme toujours plus pure.

Il cultive avec soin les fleurs de Sainteté,
Et, sans tarder, s'il tombe, il guérit sa blessure
Au bain de la douleur et de l'humilité.

CHANT III

AUX SOURCES
DE LA VIE CHRÉTIENNE

AUX SOURCES
DE LA VIE CHRÉTIENNE

LA VIE SURNATURELLE
(GRACE ET GLOIRE)

Soldat chrétien, jeune soldat,
Arme-toi pour le bon combat,
Et défends hardiment toi-même,
La sainte foi de ton baptême.
Tu dois écrire ton *Credo*
En lettres d'or sur ton drapeau.
— Ces vérités que rien n'égale,
Sont le « Pourquoi » de la morale.

Soldat chrétien, brave soldat,
Arme-toi pour le bon combat.
Et, d'abord, obéis toi-même
Aux saintes lois de ton baptême :
En tout, seize commandements.
Conserve-les pieusement.
Rappelle-toi que rien n'égale
Du Christ la divine morale.

Soldat chrétien, pieux soldat,
Pour combattre le bon combat,

Vis dans la grâce du baptême,
Dans l'union à Dieu lui-même.

Sois un membre de Jésus-Christ,
Et le temple du Saint-Esprit.
Cette grâce, que rien n'égale,
Est le « Comment » de la morale.

Soldat chrétien, vaillant soldat,
Garde-la bien dans le combat.
Elle est si belle et si fragile
Dans notre âme — un vase d'argile — !
Enfant de Dieu, digne du Ciel,
Souviens-toi qu'un péché mortel
Suffit pour tomber dans la fange ;
Que le démon fut un bel ange.

Soldat chrétien, sage soldat,
Dieu couronne, après le combat,
Et revêt de sa propre gloire
Le triomphateur... ô Victoire !
Il récompense nos soupirs
Au delà des plus hauts désirs.
Au Ciel, par sa bonté suprême,
Il nous fait beaux comme Lui-même !

Soldat de Dieu, soldat chrétien,
Sans la grâce tu ne peux rien.
Mais sa force surnaturelle
Te mène à la vie éternelle.
Dieu l'accorde gratuitement
A tous, — et, plus parfaitement,

Dans les Sacrements, la prière,
L'*Ave*, le divin « Notre Père ».

PRIONS !

> La prière est la toute-puissance de
> l'homme et la faiblesse de Dieu.
> St. Augustin.

Penser à Dieu comme à son père ;
Parler à Dieu, c'est la prière :
          Devoir bien doux !
Enfants chéris de sa tendresse,
Pensons-y, parlons-en sans cesse ;
          Rappelons-nous !

A tant de bonté paternelle
Rendre notre hommage fidèle,
          La nuit, le jour,
Unis à Jésus, notre Frère,
C'est faire à Dieu notre prière,
          Avec amour.

Parfois notre âme est désolée ;
Par des vents brûlants desséchée,
          Elle gémit.

Prions ! Et l'âme, consolée,
Reçoit la céleste rosée
          Qui rafraîchit.

Si notre prière est fervente,
Comme la lumière à la plante,
          Dieu lui sourit.
Mais, quand une âme est sans prière,
Comme la plante sans lumière,
          Elle périt !

COMME ON VOIT L'HIRONDELLE

Comme on voit l'hirondelle
S'élever d'un coup d'aile
Sur les plaines des cieux ;
Aussi vive et légère
Monte à Dieu la prière
D'un cœur religieux.

Ainsi qu'une harmonie,
Quand la nuit est finie,
Vient saluer le jour;
Avec, ou sans parole,
La prière à Dieu vole,
Pieuse hymne d'amour.

Tel un fleuve qui coule,
Une vague qui roule
Dans l'immense Océan;
Pleine de confiance,
La prière s'élance
Au sein du Tout-Puissant.

———

LA PRIÈRE HUMAINE ET DIVINE

Père !

C'est le Père Tout-Puissant,
Lui seul, principe suprême,
Et sans nul commencement,
Du Fils, semblable à Lui-même.

Gloire à sa Paternité
Éternellement féconde,
Au sein de la Trinité,
Avant que subsiste un monde !

Cet acte générateur
De son essence infinie
Suffit à tout son bonheur,
Durant l'éternelle vie.

Mais Il a voulu créer
L'Être dans l'immense espace ;
Librement multiplier
Et la nature et la grâce.

Tous, des êtres moins parfaits
Aux angéliques natures,
Crient : « O Dieu, Tu nous as faits;
Nous sommes tes créatures.

Ton doigt, divin Ouvrier,
Est gravé sur tes ouvrages,
Nul n'en peut falsifier
La plus obscure des pages.

Merci, Père Créateur !
Surtout, du don ineffable
De ton Fils, le Rédempteur,
Et le Sauveur adorable.

Notre Père.

Le Christ fait dire aux chrétiens :
« Notre Père », et non, « Mon Père ».
Car Il veut que sa prière
S'adresse à tous les humains.

Son principal caractère
Est l'universalité.
Son esprit, la Charité.
« Que tout homme soit ton frère.

Pour lequel il faut prier... »
Au fond du cœur, toute haine
Et toute vengeance humaine,
Devant Dieu, doit expirer.

« Notre ». — Le Christ nous invite
A nous unir cœur à cœur
Avec Lui. Quel grand honneur !
Quelle grâce et quel mérite

Notre prière obtiendra !
Malgré notre insuffisance ;
A cause de la présence
De son Fils, Dieu l'entendra.

Qui êtes aux cieux.

Dieu partout est présent, disent nos saints Prophètes :
Au Ciel, sur la terre, en tout lieu.
Et, partout, en tout lieu, tous les êtres répètent :
« Nous sommes dans le sein de Dieu. »

En Lui tout vit, se meut, selon sa Providence,
— Borné dans le temps et fini, —
Rien n'est communiqué de Sa parfaite essence :
Seul, l'Éternel, seul l'Infini.

Mais, pour le voir un jour, tel qu'Il est, sans nuage,
Le Christ nous dit : « Levez les yeux !
Mon Père sur la terre a commencé la page ;
Il la termine dans les Cieux.

— Non les cieux contemplés par une nuit sereine,
    Non les astres du firmament, —
Cette poussière d'or qu'Il jette dans l'arène
    De l'univers, en se jouant.

Plus haut que le soleil, plus haut que les étoiles,
    Que tous ces astres radieux,
Mon Père vous attend dans les cieux où, sans voiles,
    Comme les esprits glorieux,

Vous verrez la splendeur de son Intelligence,
    Son Unité, sa Trinité ;
Plongés dans son Amour, nourris de sa Science,
    Et revêtus de sa Beauté ! »

Que votre nom soit sanctifié.

« Je suis Celui qui suis. » Tel est le nom sacré
    Que Jéhovah nous fait connaître,
Afin d'être loué, béni, seul adoré,
    Comme Il est seul digne de l'être.

Qu'Il soit balbutié par le petit enfant,
    Qu'allaite encor sa bonne mère :
Vous l'aimez tant, Seigneur, son premier bégaiement
    Et son enfantine prière !

Et plus tard, écolier, qu'il trouve sur ses pas
    Un maître chrétien, une école,
Où Dieu n'est point banni, où l'on n'ignore pas
    Le « Notre Père » et le « Symbole. »

Puissions-nous, ô mon Dieu, tous, porter dans nos cœurs
        De votre Sainteté l'image :
Être de votre nom les humbles serviteurs ;
        Heureux et fiers de notre hommage.

Et, pour mieux le bénir et le sanctifier,
        Qu'il obtienne enfin la victoire
Sur tous ses ennemis, dans l'univers entier.
        — A Lui seul l'honneur et la gloire !

Que votre règne arrive.

Avec nous, malgré nous, Dieu règne sur la terre,
        Libre, indépendant, comme aux cieux.
Et ce qui semble avoir l'apparence contraire,
Est une illusion trompeuse et mensongère.
        Parfois, un fait mystérieux.

Tout chante, tout bénit ses lois dans la nature :
        L'astre, dans sa course emporté,
La mugissante mer, le ruisseau qui murmure...
... Tout? Oh ! non. Contre Lui, seule, une créature
        Se dresse, ivre de liberté.

L'homme ! Ingrat et superbe, il n'a plus la mémoire
        Des grands bienfaits qu'à pleines mains,
Pour réparer son crime et préparer sa gloire,
Dieu Lui-même et son Fils — quelle touchante histoire ! —
        Ont semé sur tous les chemins.

Téméraires esprits dont l'orgueil est le vice,
    Qui bravez les lois de l'Amour,
Vous n'échapperez pas aux lois de Sa Justice.
    Ah ! prenez garde à ce Grand Jour !

La foudre de ses mains part, éclate et rayonne,
    Brisant les fronts audacieux.
Ils tombent, foudroyés tous, au pied de son trône.
Aux humbles, aux enfants, la palme et la couronne,
    Et son royaume dans les cieux.

Que votre volonté soit faite
sur la terre comme au Ciel.

Que Votre Volonté soit faite
Sur la terre. Et que sa conquête
Pour votre règne, soit complète.

Loin de vous, l'aveugle destin !
Vous conduisez l'homme à sa fin,
Comme le soleil du matin.

Votre loi douce et salutaire
Est la plus féconde lumière.
Son triple flambeau nous éclaire :

La conscience, intimement,
Nous parle impérieusement,
A toute heure, à chaque moment.

Loi trop souvent, hélas! enfreinte.
Alors, sur la montagne Sainte,
Vous dictez une loi de crainte,

Pour conserver un peuple élu,
Et, dans le monde corrompu,
Avoir un foyer de vertu.

Moïse, avec tous les prophètes,
En sont les divins interprètes,
Les défenseurs et les poètes.

Ils chantent le jour solennel,
Où, d'une tige d'Israël,
Sort la plus belle fleur du Ciel.

O Volonté de Dieu, chérie
Du Ciel, sur la terre bénie :
Nous avons Jésus par Marie !

Que Votre Volonté soit faite.
Ici-bas, qu'elle soit complète,
Et qu'elle soit au Ciel parfaite.

Seigneur, toute l'éternité,
Adorons Votre Volonté,
Dans le sein de la Trinité.

Donnez-nous aujourd'hui
notre pain de chaque jour.

Aujourd'hui. — Prions à l'aurore,
Et que, dès le matin, notre voix vous implore

Pour tout homme, — qu'il soit bon ou méchant — pour tous ;
    Car tous, Père, ont besoin de vous !

Donnez-nous. — Sainte Providence,
Daignez à vos enfants assurer l'existence.
Conservez-leur la vie. Illuminez ce jour
    Par le Soleil de votre amour.

Notre pain. — Que la créature
Reçoive de vos mains la part de nourriture
Nécessaire à son corps : le pain matériel.
    Pour l'âme, un Pain spirituel.

Chaque jour. — Mangeons, en justice,
Un pain qui soit à nous, sans nul apport du vice,
Fruit de notre travail et de notre sueur,
    Sanctifié par Vous, Seigneur.

Chaque jour. — Voici le mystère :
Il en est de vraiment trop pauvres sur la terre !
Donnez, riches, donnez, votre devoir est là !
    Dieu vous a donné pour cela.

Chaque jour. — Du Saint Évangile,
O Vous qui suivez les conseils, troupe docile, —
Chers oiseaux du Bon Dieu, vivant au jour le jour,
    Dans un abandon plein d'amour, —

    Aujourd'hui, selon sa promesse
Le Christ s'immole au sacrifice de la Messe.
Là son corps ; là son sang — ô mes frères, mes sœurs —
    Le Pain du Ciel nourrit vos cœurs !

Père... pardonnez-nous... comme
nous pardonnons...

De tes péchés Dieu sait la malice et le nombre :
Pensée, intention, geste, rien n'est dans l'ombre.
Passé, présent, futur... il n'est aucun rempart
Qui puisse dérober le crime à son regard.
O Pécheur scandaleux, Dieu voit dans quels abîmes
Tu t'es précipité ! Dieu connaît tes victimes.
Où fuir, grain de poussière emporté par le vent ?
Impure goutte d'eau qu'entraîne le torrent ?
Dans quel vaste désert, dans quelle mer profonde
Peux-tu vivre à l'abri du Créateur du monde ?
— Que faire ?...
             — Réparer, rendre à Dieu, tout l'honneur..
— Comment l'oser, avec mon misérable cœur ?
— Confiance ! Le Christ fit pour toi sa prière.
Nous avons sa promesse et celle de son Père.
Mais, prends garde ! Il y pose une condition.
Qui, dans son esprit, est une expiation,
A laquelle Il attache et ta grâce et sa gloire.
Écoute, écoute bien cette touchante histoire :
« Un roi fait appeler l'un de ses serviteurs
Qui se trouvait parmi ses plus grands débiteurs.
Il avait contracté la dette formidable
De dix mille talents. Comme il est insolvable,
Plus pauvre que jamais, selon les lois du temps,
Le roi le vendra, lui, sa femme et ses enfants.
Essayant un moyen de se sauver encore,
Le serviteur, aux pieds du roi, supplie, implore...

Tant qu'enfin le voilà tout à fait libéré
De sa dette, et, dehors, par le roi délivré.
La porte du palais s'était fermée à peine,
Que son avidité court sur une autre aubaine.
Il n'est plus qu'à deux pas d'un de ses compagnons
Qui lui doit cent deniers — cent pauvre picaillons !
Cette mince monnaie est pour lui grosse affaire
L'ayant saisi d'un bond, à la gorge il le serre,
Comme pour l'étouffer... En vain, l'autre, à ses pieds,
L'a prié, supplié, pour ces quelques deniers,
D'être un peu patient, car il veut tout lui rendre...
L'avarice l'emporte. Il ne veut rien entendre,
Et le traîne en prison comme un vil malfaiteur...
Indigné, le roi dit : « O méchant serviteur !
« Je t'avais tout remis, exauçant ta prière.
« Pourquoi n'as-tu pas eu, toi, pitié de ton frère ? »
Ainsi dût-il payer jusqu'au dernier talent.
— « Chacun de vous, aura semblable traitement,
Subira, dit Jésus, les rigueurs de mon Père,
S'il ne veut, dans son cœur, pardonner à son frère. »

Et ne nous laissez pas succomber.

O mon Dieu, ne permettez pas
Que la tentation vienne souiller nos pas !

Tentation du monde et de ses goûts frivoles.
Ne brûlons jamais plus d'encens à ses idoles :
A la reine du jour, la folle opinion,
Qui bave impudemment sur la religion;

Foulons au pied la mode corruptrice
École publique du vice,
Qui tourne le dos au bon goût,
Et travaille, par-dessus tout,
Au triomphe de l'indécence,
A la perte de l'innocence.

Non, mon Dieu, ne permettez pas
Que ces tentations viennent souiller nos pas !

Du démon de l'orgueil tentation terrible !
Parfois, rugissement; cri, parfois, insensible.
Tantôt lion impétueux,
Et, tantôt, serpent tortueux,
Qui veut, à chaque instant, envelopper notre âme.

Démon de la colère, incandescente flamme ;
Démon de la luxure et des honteux plaisirs ;
Sordides intérêts, voluptueux désirs.
Monde, démon et chair... Ah ! l'horrible alliance !

Mon Dieu, conservez-nous la robe d'innocence !
Seigneur, vous ne permettrez pas
Que ces tentations viennent souiller nos pas.

— Tentation de Dieu, ton souffle est salutaire.
Sur le sommet des monts, un chêne solitaire,
Au sein de la tempête et du vent déchaîné,
A son tronc plus noueux et plus enraciné.
Tout chrétien est soldat et vit dans la bataille.
Où pleuvent de partout, feux, boulets et mitraille.

Soyons vaillants et militants.
Sans oublier d'être prudents.
Un combat téméraire entraîne à la défaite,
Et fuir nous vaut souvent la victoire complète.

Inspirez-nous, mon Dieu, gardez-nous à jamais
Du monde, de la chair et de l'esprit mauvais.

Délivrez-nous du mal.

Amen.

A la fin de notre prière
Le Ciel vient s'unir à la terre,
Et l'Église avec nous, Seigneur,
Invoquant la Vierge Marie,
Pierre, Paul, tous les Saints, vous prie
D'être notre Libérateur.

Nous vous prions, cachés sous l'aile
De votre Église maternelle :
« Délivrez-nous du mal passé »
Ah ! gardez-nous de son atteinte,
Quand l'étincelle est mal éteinte,
Et que le cœur reste blessé.

Nous vous prions encor, sous l'aile
De votre Église maternelle :
« Délivrez-nous du mal présent ».
Vous êtes seul le vrai dictame,
Pour notre corps et pour notre âme,
Car vous êtes le Tout-Puissant.

Nous vous prions, toujours, sous l'aile
De votre Église maternelle :
« Délivrez-nous du mal futur :
Des mille pièges de l'envie;
Que dans le cours de notre vie,
Nous montions vers vous d'un pied sûr. »

Toujours, toujours, cachés sous l'aile
De votre Église maternelle :
« Délivrez-nous de ces fléaux
Qui nous menacent sur la terre. »
Délivrez-nous d'une autre guerre ;
Ayez pitié de nos berceaux ! »

A votre noble créature
Accordez, large et sans mesure,
La Paix, digne de votre amour,
A u fond de notre conscience,
Qu'elle règne, avec l'espérance
De la Paix éternelle, un jour.

Amen. — C'est la prière close
Par la divine apothéose.
Mon Dieu, comme une hymne sans fin,
Nous vous dirons, avant l'aurore ;
Tout le jour, nous dirons encore,
Au Ciel et sur la terre : *Amen !* »

LA SALUTATION ANGÉLIQUE

CHŒUR D'ENFANTS DE 6 ANS

O Vierge Marie,
O Mère chérie,
Écoutez les chants
Des petits enfants.
O belle Madone,
Mère toujours bonne,
Entendez les cris
De vos tout petits.
O bonne Mère,
A vos genoux
Que notre prière
Monte jusqu'à vous.

UN ENFANT, DE 10 ANS.

— Mieux que vous, moi, je prie. Et je sais la prière,
La plus belle, en l'honneur de notre bonne Mère.
Celle que les Chrétiens récitent comme moi,
Tous les jours... voulez-vous... ?

LE CHŒUR

— Oui, la dire avec toi.

L'ENFANT

C'est une prière
Qui tomba du Ciel,
Un jour, sur la terre...
L'Ange Gabriel

La dit à Marie,
Quand il salua,
La Vierge chérie
Et qu'il annonça
Jésus à sa mère...

LE CHŒUR

Enseigne-nous cette belle prière !

L'ENFANT, *en levant les yeux au Ciel :*

Dites : « Je vous salue, Marie, (*Le chœur répète :* Je
[vous salue, Marie).
Pleine de grâce (*répété par le chœur*),
Le Seigneur est avec Vous (*id.*),
Vous êtes bénie entre toutes les femmes (*id.*),
        Et Jésus (*id.*),
Le fruit de vos entrailles, est béni » (*id.*).

L'ENFANT

— De la Vierge Marie admirons la grandeur,
La gloire, puisqu'Elle est la Mère du Sauveur
Jésus-Christ, Fils de Dieu. Le Seigneur est en elle.
Elle est pleine de grâce...

LE CHŒUR

Oh ! quelle est sainte ! Et belle !

L'ENFANT

— Maintenant, voulez-vous, pour l'apprendre en entier,
La seconde partie ?

14

LE CHŒUR

— Oui, oui, pour mieux prier.

L'ENFANT, *tient les yeux baissés.*

Dites : « Sainte Marie (*Le chœur répète :* Sainte Marie),
     Mère de Dieu (*répété par le chœur*),
Priez pour nous, pauvres pécheurs (*id.*),
     Maintenant (*id.*)
Et à l'heure de notre mort (*id.*).
     Ainsi-soit-il » (*id.*).

L'ENFANT

Voyez quel est notre bonheur :
Que nous sommes heureux de penser que Marie,
Au Ciel, toujours, toujours, pour chacun de nous prie.

LE CHŒUR

Et, même, à notre mort : c'est un très grand bonheur !

L'ENFANT

Nous dirons chaque jour la prière de l'ange.
Pour Marie, il n'est point de plus chère louange ;
Elle nous sauvera : c'est maman qui l'a dit.

LE CHŒUR

Et nous la redirons dans notre petit lit.

TOUS

Elle nous sauvera, puisque maman l'a dit.

AVEC MON CHAPELET

Avec mon chapelet, douce chaîne d'amour,
Je veux aller aux pieds de la Vierge Marie;
Et, tenant dans ma main ses perles, chaque jour,
Je dirai le serment que j'ai fait sans retour,
De consacrer ma vie à ma Mère chérie;
Je prends mon chapelet : C'est ma chaîne d'amour.

Avec mon chapelet, douce chaîne d'amour,
Je me prosterne aux pieds de la Vierge Marie,
Égrenant sous mes doigts ses perles, chaque jour,
Tandis que mes *Ave* s'élèvent, tour à tour,
Comme un pieux encens à ma Mère chérie :
Je dis mon chapelet : C'est ma chaîne d'amour.

Avec mon chapelet, douce chaîne d'amour,
Je veux mourir aux pieds de la Vierge Marie,
En murmurant : *Ave*, pour le chanter un jour,
Avec l'Ange, sans fin, au milieu de sa cour,
Je veux mourir aux pieds de ma Mère chérie,
Avec mon chapelet : C'est ma chaîne d'amour.

LA PRIÈRE DU PATER
ET LES SACREMENTS

Nulle autre prière n'égale
Notre Oraison dominicale;
Elle est la prière idéale.

Elle a l'universalité,
La sublime sérénité,
La divine efficacité.

Une si parfaite supplique,
Pourquoi donc souvent platonique?
Beau rêve, mais nul en pratique?

Ah ! morts ou blessés, trop souvent,
Au cœur spirituellement,
Nous restons dans l'aveuglement.

Et son adorable puissance
Son ineffable bienfaisance,
Se heurte à notre indifférence.

Pour sa vie et son action,
Secouons la tentation
D'une mortelle inaction.

L'Eglise, colombe plaintive,
Nous appelle aux sources d'eau vive.
Prêtons une oreille attentive.

Morts ou blessés sur le chemin,
Aujourd'hui, plutôt que demain,
Prions le « Bon Samaritain ».

De sa croix coulent abondantes
Les sept fontaines jaillissantes
Qui rendent nos âmes vivantes.

Ici-bas, jusqu'au dernier jour,
A l'une, à l'autre, tour à tour,
Puisons et la vie et l'amour.

______

L'EXCELLENCE DES SACREMENTS

Faire parler Platon avec Jean, quelle audace !
Quatre siècles entre eux... Et je demande grâce
D'oser interpréter leurs nobles sentiments
Sur la perfection des divins sacrements.

PLATON

Je veux imiter Dieu pour me conduire en sage.
Où pourrais-je trouver une fidèle image
De la divinité ?

JEAN

Le Verbe s'est fait chair
Écoute. Il parle à tous, et son langage est clair.
Sa vie est sous tes yeux...

PLATON

— Dans le Saint-Évangile ?
Quelle admirable vie !... Et, pourtant, inutile...
Je veux dire : trop belle et trop haute pour moi.

JEAN

Non ! Si tu le veux bien, le Christ peut naître en toi,
« De l'eau naîtra l'Esprit ». Après cette naissance,
L'âme monte et le corps tombe en sa dépendance.
Ce *Baptême* te fait membre de Jésus-Christ,
Régénéré dans l'eau, temple du Saint-Esprit.
Mystérieux effets de la grâce invisible !
Cette eau de l'union est la marque sensible.

PLATON

O mystère d'amour qui fait de vous, chrétiens,
Des hommes plus parfaits que tous nos dieux païens !
Fais-moi participer à ce divin Baptême,
Afin que vive en moi l'Esprit du Christ lui-même.

JEAN

Sois baptisé mon fils, que le Christ soit ton bien,
Avec son Esprit-Saint pour ton puissant gardien.

PLATON

Oh ! viens, très noble Esprit, avec le Christ, ma vie ;
Donne le vrai, le bien à mon âme ravie...

JEAN

Ame qui veille et craint — car il te reste encor
La faiblesse, le monde et le démon — l'effort
Ne cessera jamais, jusqu'à l'heure dernière.
Pour te rendre plus fort dans ta rude carrière,
Au milieu des dangers d'une société
Qui vit dans le mensonge et dans l'impureté,
La *Confirmation* est le parfait dictame,
La grâce que Jésus apporte à ta belle âme ;
Nouvelle effusion des dons du Saint-Esprit.

PLATON

Naissent-ils des effets de l'union au Christ ?

JEAN

Oui, mais cette union n'est pas assez complète,
Pour son amour qui veut une union parfaite.
Et, telle qu'il la fait, nul n'eût pu la prévoir

PLATON

Quelle est-elle ? Combien j'ai hâte de savoir !

JEAN

Apprends que pour changer l'humaine créature
En Lui-même, Il s'est fait breuvage et nourriture ;
Que son *Eucharistie* est le Saint Sacrement
Où sa chair et son sang nous servent d'aliment.

PLATON

Vous nous divinisez, ô Seigneur adorable.
L'âme semblable à vous doit être invulnérable.

JEAN

Le Saint n'est pas celui qui ne pèche jamais.
Mais c'est celui qui court aux remèdes parfaits.
Et, dans l'Eucharistie, il recherche une flamme,
Qui brûle, par l'amour, tout ce qui souille l'âme.

PLATON

Donc un foyer, en nous, est pestilentiel ?

JEAN

Hélas ! oui ; le fruit du « péché originel ».
Ce terrible penchant nommé « concupiscence »
A son remède au Sacrement de *Pénitence*.
Et ce nouveau bienfait donné par le Sauveur
Est utile au plus saint, qui reste encor pécheur.

PLATON

A tous ? Même aux ingrats ?

JEAN

       A tous, Dieu leur pardonne.
Son absolution n'exclut jamais personne,
Quelle que soit l'horreur du crime consenti,
S'il porte au tribunal le cœur d'un repenti.

PLATON

Admirable bonté !

JEAN

       Qui nous suit à la tombe.
Dans le dernier combat, parfois l'homme succombe
S'il se trouve privé des derniers sacrements,
Par son erreur grossière, ou celle des parents.
C'est l'*Extrême-Onction*, à ce moment suprême,
Qui remettrait sa vie aux mains de Dieu Lui-même.

PLATON

Le Christ a tout prévu pour l'âme et pour le corps
De l'homme, à son berceau, jusqu'à son lit de mort.
Se perdre est mille fois sa faute personnelle.
A-t-il sauvegardé la vie universelle ?
En un mot, qu'a-t-il fait pour la société ?

JEAN

Il bâtit sur le roc sa perpétuité.
Par l'*Ordre*, il donne aux chefs le pouvoir et la grâce ;
Et par le *Mariage*, il conserve la race.

PLATON

Pauvres conceptions de nos génies humains
Que sont-elles devant les chefs-d'œuvre divins ?
Il est le vrai Sauveur, le Docteur et le Maître.
C'est à Lui de grandir, à nous de disparaître...

JEAN

... De vivre en Lui, comme le cep et le sarment !
Ou, comme avec sa tige, un épi de froment.

SIGNES SACRÉS

Mille signes épars au sein de la nature
Marquent chose passée ou présente ou future.
La chrysalide indique un futur papillon.
Voyez-vous la fumée embrumer la maison ?
Qu'un feu brûle au logis vous devez vous attendre.
Mais, bientôt, le beau feu du foyer devient cendre;
Un signe du passé. — Pascal et Bossuet
N'ont, comme vous et moi, qu'un chétif alphabet,

Pure convention, lettres artificielles,
Renfermant leur pensée et leur langue immortelles.
Signe de la patrie est encor le drapeau.
Troué dans la bataille, il n'en est que plus beau.
Que de signes partout ! Quelles métamorphoses
Et la nature et l'art produisent dans les choses !
Donnez sept notes aux Beethoven, aux Chopin;
Un pinceau, des couleurs, aux Rembrandt, aux Poussin,
Les chefs-d'œuvre naîtront...
      — La Science infinie,
Dans nos signes sacrés dépasse leur génie.
Dieu crée un monde avec d'infimes instruments :
Du pain, du vin, de l'huile et de l'eau naturelle.
Une formule, un geste, — et l'Église nouvelle,
Selon l'ordre du Christ, employant ces moyens,
Engendre ses enfants, peuple le Ciel de Saints.
Ces signes, qu'ont-ils donc pour les rendre efficaces ?
Leur valeur symbolique est l'œuvre de la grâce.
D'elle, leur sens profond, sacré, religieux :
Le signe est de la terre, et la grâce est des cieux.
Montez, dans le passé, jusqu'à leur source pure ;
Contemplez du Sauveur la mystique blessure ;
Voyez le sang et l'eau couler : signes sanglants,
Aussi bien que vertu des divins sacrements.
Ne vous étonnez pas, si les vrais catholiques
Arborent fièrement ces signes symboliques,
Employés par l'Église avec profusion.
Pour nous prodiguer grâce et bénédiction.

CARACTÈRE SACRAMENTEL

L'homme peut recevoir un triple « caractère »
Par le Baptême et par la Confirmation;
Enfin l'Ordre, qui donne au prêtre fonction
Et pouvoir de remplir le divin ministère

De Jésus-Christ, parfait adorateur du Père.
Voilà les trois degrés de consécration
De notre ineffaçable et royale onction :
Nos trois titres sacrés sur chaque saint mystère;

Les signes immortels de notre engagement
A vivre unis au Christ, religieusement,
Dans le sein de l'Église, en serviteurs fidèles.

Quel reproche éternel pour les mauvais chrétiens
Marqués d'un divin signe, et vivant en païens !
Pour tous les malheureux apostats et rebelles !

DE LA BONTÉ DU CHRIST

De la Bonté du Christ n'est-ce pas la merveille ?
Voyez-vous cet enfant qui dans les bras sommeille
D'une bonne maman ou d'une grande sœur ?
L'eau du baptême coule. Au même instant, son   cœur
Est pour toujours lavé de l'immonde souillure
Dont avait hérité sa coupable nature.

Aussitôt délivré des chaînes du démon,
Il appartient au Christ, à sa religion.
Apostat, revêtu de la marque immortelle
Qu'on nomme « Caractère », il est toujours chrétien.
Rien ne peut l'effacer, vivrait-il en païen.
Lors, pour ce fils ingrat, le Christ et son Église
Prieront que le jour vienne où son âme soumise
Ranime l'étincelle et réveille la foi,
Qu'avait pour lui créé l'Esprit du divin Roi.
Admirez la bonté, la féconde puissance
Du Christ, réparateur de notre déchéance,
Qui, nous plaçant dans un état surnaturel,
Par sa grâce, nous rend l'héritage du Ciel.
— Ah ! ne retardez pas les bienfaits du baptême !
Combien ont regretté leur négligence extrême ;
Et de combien d'enfants à leurs parents en deuil,
L'Église a refusé de bénir le cercueil !

BAPTÊME CATHOLIQUE SELON LE RITUEL ROMAIN

Cerémonies à la porte de l'église.

Après les Vêpres du dimanche,
Dans l'église, un petit enfant
Revêtu d'une robe blanche ,
Est à la porte, en suppliant.

Voici l'Église maternelle.
Elle veut du cher pénitent
Laver la tache originelle,
Mais après son consentement.

Réprouvant toute violence,
Et prenant le ton le plus doux,
Elle parle à sa conscience :
« Cher enfant, que demandez-vous ?

— Je demande... Soyez ma Mère.
Que Jésus soit mon divin Roi,
Qu'à Dieu je puisse dire : « Père ».
Je demande, en un mot, la Foi.

— Par Elle ?
          — La vie éternelle.
— Vous l'aurez, mais fidèlement,
Et par vertu surnaturelle,
Gardez bien mon commandement. »

De l'enfant, l'Église féconde,
Avant d'entrer dans le saint lieu,
D'abord chasse l'esprit immonde,
Et souffle en lui l'Esprit de Dieu.

Par elle, aussitôt, la croix brille,
Pour le marquer au front, au cœur,
L'incorporer à la famille,
En faire un membre du Sauveur.

Le prêtre dit une prière,
En imposant sur lui la main ;
Il consacre sa vie entière
A Dieu seul, son unique bien.

Comme symbole de sagesse
Dans sa bouche il a mis du sel,
Pour purifier sa jeunesse,
Et lui donner le goût du Ciel.

Cérémonies dans l'église.

Le prêtre, en disant la parole :
« Entrez dans le temple de Dieu »,
Impose sur lui son étole
Et l'introduit dans le saint lieu.

« Venez, enfant, au baptistère.
Récitez, marraine et parrain,
Le « Symbole » et le « Notre Père »,
Nécessaires à tout Chrétien,

Car, sans la foi, sans la prière,
Point de justification. »
— On avance. Et le prêtre opère
L'acte d'« insalivation ».

A l'exemple du divin Maître,
Sur ce petit aveugle-né,
L'Église fera disparaître
L'originelle cécité.

« Ouvrez-vous, mignonnes oreilles,
Qu'à mon céleste enseignement
Et l'esprit et le cœur s'éveillent.
Ah ! craignez l'endurcissement !

Dilatez-vous, tendres narines,
Et respirez la bonne odeur
De toutes les vertus divines
Dans les beaux jardins du Seigneur.

Voulez-vous chasser toute idole ?
Le mensonge, la volupté ?
Renoncer au monde frivole ?
A Satan prêt à vous tenter ? »

— Et le parrain et la marraine,
Répondent, au nom de l'enfant;
« J'y renonce ! et déclare vaines
Œuvres et pompes de Satan. »

— Prenant acte de ces paroles
Elle fait couler doucement
L'huile sainte, sur les épaules
Et la poitrine de l'enfant.

Le baptême.

Le prêtre a mis la blanche étole.
L'enfant, une dernière fois,
Interrogé sur le symbole,
Fait sa profession de foi.

L'heure a sonné, moment suprême !
« Voulez-vous être baptisé ?
— Oui », dit l'enfant. L'eau du baptême
Coule. Il est christianisé.

C'est une seconde naissance.
Le vieil Adam gît au tombeau.
Ce sacrement à la puissance
De créer un homme nouveau.

Avec le divin caractère,
Il appartient à Jésus-Christ.
Il est fils adoptif du Père,
Et le temple du Saint-Esprit.

De la grâce sanctifiante
La surnaturelle beauté
Lui fait une âme étincelante,
Digne de l'immortalité.

Dans les saintes eaux baptismales,
Germent les dons et les vertus
Morales et théologales.
N'est-il pas un petit Jésus ?

Anges du Ciel, Saints de la terre,
Dans un muet ravissement,
Contemplez ce nouveau mystère !...
Dieu vit dans l'âme d'un enfant.

Après le baptême.

L'Église répand le Saint-Chrême
Sur sa tête. Il est prêtre et roi ;
Son autorité s'étend même
Jusqu'aux sacrements de la foi.

Il peut offrir le Sacrifice,
A la victime incorporé ;
Comme un autel, comme un calice,
Ce nouveau Christ est consacré.

N'est-il pas semblable à l'hostie,
De son blanc chrémeau revêtu ?
L'Église offrait l'Eucharistie,
Jadis, au frère de Jésus.

Dans sa main elle allume un cierge.
La flamme, c'est la charité ;
La lumière est une foi vierge ;
La main marque l'activité

De l'âme, d'En-Haut éclairée,
Fidèle à ses engagements
De tenir sa lampe allumée,
De garder les commandements.

Et la cloche paroissiale
Carillonne dans le saint lieu ;
Et c'est d'une voix triomphale
Qu'elle chante l'enfant de Dieu.

LA CONFIRMATION

Selon le Pontifical.

Dans la robe de son baptême !
Que l'enfant de l'Église est beau !
Je vois l'ange gardien lui-même,
Le contempler dans son berceau.

L'Esprit de Dieu vit dans son âme,
Pleine de charme et de candeur.
Qu'Il y vienne allumer la flamme
Apostolique et la vigueur !

Ce petit être impressionnable
Par le moindre souffle agité,
Léger, inconstant, malléable,
Symbole de fragilité,

N'a pas toujours ses père et mère,
Chrétiens; un toit hospitalier,
Pour goûter l'ombre tutélaire
D'un paysage familier.

Mais la rue, où kiosques, boutiques,
Et boulevards, jardins publics,
Offrent trop de pornographiques
Tableaux, et spectacles lascifs.

A la ville, comme au village,
Plus de chrétien enseignement;
A l'école, en apprentissage,
Que va devenir cet enfant,

Sans vous, Église maternelle ?
Du diocèse le Pasteur,
Un jour, sur sa jeune âme appelle
Les dons de l'Esprit Créateur !

Elle est si belle à son aurore,
Avec les dons du Saint-Esprit.
Plus riche qu'au baptême encore,
Et plus unie à Jésus-Christ.

Ainsi Jésus aime l'enfance !
C'est dans la « Confirmation »
Qu'est la plus parfaite assurance
De sa forte dilection.

LES DONS DU SAINT-ESPRIT

Le Pontife, ô sublime audace !
Ayant en mains le sacrement,
Ose à Dieu demander la grâce,
Sur un ton de commandement.

« Seigneur, donnez-lui la *Sagesse*,
Inspirez-lui le goût du Ciel ;
Qu'il ne pense qu'à la richesse
De son héritage éternel.

Accordez-lui l'*Intelligence*
De vos divines vérités ;
Et qu'il comprenne l'excellence
Des surnaturelles clartés.

De votre *Conseil* salutaire
Il a besoin à chaque pas ;
Que cette lumière l'éclaire
Dans la nuit qui ne finit pas.

Pour rendre sa foi plus vaillante
Et braver tout respect humain,
Formez dans son âme agissante
De la *Force* le don divin.

Chassez la honteuse ignorance
De ses grands devoirs de chrétien ;
Qu'il apprenne avec la *Science*
Que vous êtes seul le vrai Bien.

Esprit de *Crainte* filiale,
Vous, chaste don de *Piété*,
Gardez son âme virginale
Dans un siècle d'impureté. »

EN SERVICE COMMANDÉ

Le Pontife.

Viens, cher soldat, monte à l'autel ;
Par ma voix, l'Église t'appelle.
Reçois de sa main maternelle
De la Croix le signe immortel.
Viens, cher soldat, monte à l'autel !

Par la Croix, tu seras vainqueur.
Avec l'onction du Saint-Chrême,
Elle ira mieux qu'à ton baptême,
Du front se graver dans ton cœur.
Par la Croix, tu seras vainqueur !

Ne rougis jamais de ta foi.
Cours hardiment à la bataille.
Contre l'insolente canaille,
Qui donc est mieux armé que toi ?
Ne rougis jamais de ta foi !

Le Confirmé.

Parfait chrétien, de Jésus-Christ soldat,
Je suis armé pour le combat.
A son Église qui m'appelle
Je resterai toujours fidèle.

Parfait Chrétien, de Jésus-Christ soldat
Je suis armé pour le combat.

Esprit de force et de lumière,
Créez en moi l'âme guerrière;
O Saint-Esprit, vivez en moi;
Par vos sept dons gardez ma foi.
A l'heure où la lutte est terrible,
Qu'ils soient mon armure invincible.
O Saint-Esprit, vivez en moi.
Par vos sept dons gardez ma foi.

L'EUCHARISTIE COMME SACRIFICE

LA MESSE SELON LE MISSEL

Du commencement à l'Offertoire.

A la Messe, chrétiens, point d'oisifs spectateurs.
Le Christ, le prêtre et vous, êtes ensemble acteurs,
Pour offrir à Dieu seul l'Hostie et le Calice.
Tenez-vous ce beau rôle au divin sacrifice?
Où sont et votre cœur et vos intentions?
Quels gestes? Quels regards? Et quelles actions?
... Voici le célébrant. Dans un profond silence,
La sonnette résonne et la messe commence.

Par devoir de piété
Honorez la Trinité
En disant : « Au nom du Père... »
Et puis, à genoux, suivez
Le prêtre au bas des degrés
De l'autel, dans sa prière.

Que le prêtre et l'assistant
Aient un cœur bien pénitent ;
Qu'ils se frappent la poitrine
Pour obtenir le pardon,
Avant d'immoler ce « Don »
A la majesté divine.

Humilions-nous bien bas
En disant : « *Mea culpa* »
Puis, bannissant la tristesse,
Montons d'un pas confiant
A l'autel du Dieu vivant
Du Dieu de notre jeunesse.

« *Kyrie eleison* » :
Humble supplication.
« *Gloria* » : Chant de louanges
A la sainte Trinité,
A l'auguste Humanité
Du Christ : c'est l'hymne des Anges.

La Collecte à haute voix
Est dite les bras en croix.
Ainsi le Christ, au Calvaire,

Priait pour chacun de nous
Et pour le salut de tous,
En Victime volontaire.

L'Épitre, forte leçon,
Opportune instruction,
Pour la fête ou contre un vice.
Le sous-diacre, en chantant,
Se tourne vers l'Orient :
Vers le Soleil de justice.

Splendeur de la Vérité,
Quand l'Évangile est chanté,
On l'entoure de lumière.
Il faut aussi l'encenser,
Et, le chantant, se tourner
Au Nord, afin qu'il l'éclaire.

Le *Credo*, chant de la foi,
Et qui contient le « Pourquoi »
De la divine morale...
— L'Église a mis sous nos yeux
Tous ses trésors précieux,
Sauf la « Prière » idéale.

Notre esprit illuminé,
Notre cœur bien préparé,
Ont puisé leur énergie —
Pour éviter la tiédeur
Et chasser toute froideur —
Dans la Sainte Liturgie.

De l'Offertoire au Canon.

C'est le moment solennel,
Où le ministre à l'autel
Commence le Sacrifice,
Par l'oblation du pain,
Sur la patène, et du vin,
En élevant le calice.

Raisins au pressoir foulés,
Épis au moulin broyés,
Et cuits par ardente flamme,
Quel symbolisme touchant,
De ce mystère sanglant
Du Christ, sous le bois infâme.

Recevez, ô Père Saint,
Recevez-la de sa main,
Cette Hostie immaculée ;
Et cette eau mêlée au vin,
Qui sera le sang divin
De la victime immolée.

Elle est le Prêtre éternel
Qui, sans cesse, prie au Ciel
Pour les pécheurs de la terre.
Elle-même vient s'offrir ;
Sur l'autel s'anéantir,
Plus qu'autrefois au Calvaire.

Frères, silence : Priez !
Sur la montagne, suivez
Le prêtre, nouveau Moïse,
Pendant qu'il parle au Très-Haut,
Que vos cœurs se tiennent haut
En union à l'Église.

Rien n'est plus juste. Montez,
Et, pieusement, chantez,
Avec le Ciel et les anges :
« Béni soit celui qui vient
Au nom du Dieu trois fois Saint,
Hosanna ! Gloire et louanges ! »

Canon de la Messe.

O Père ! Voici le Don,
La très pure oblation
De ce divin sacrifice.
Qu'il soit à la Sainteté,
La Paix et la liberté
De Votre Église propice.

Que vos pieux serviteurs
Pour qui nous l'offrons, Seigneur,
Aient une part spéciale.
Faites goûter aux « Offrants »,
Cœurs purs ou cœurs pénitents,
La faveur la plus royale.

Daignez étendre les fruits
Des mérites infinis
De cette auguste victime,
A ceux qu'a frappé la mort.
Faites-leur un meilleur sort,
Sauvez-les tous de l'abîme.

Marie, et vous, Bienheureux,
Dans le séjour glorieux
De l'Église triomphante,
En ce moment solennel,
Unissez-vous, Saints du Ciel,
A l'Église militante.

Agréez ce Don, Seigneur,
De vos humbles serviteurs,
Holocauste salutaire,
Pour nos péchés, pour la paix :
Qu'il répande ses bienfaits
Sur votre famille entière.

La Consécration.

Le ministre, dans sa main,
Prend l'Hostie, encor du pain,
A l'exemple de son Maître,
Au grand jour du Jeudi Saint.
Comme le Souverain Prêtre,
Il lève les yeux au ciel,
Rend grâces à l'Éternel,

Et dit, au nom du Christ, les paroles de vie :
« *Car ceci est mon corps* » — et c'est l'Eucharistie.

Le ministre, dans sa main,
Prend le calice du vin,
A l'exemple de son Maître
Au grand jour du Jeudi Saint.
Comme le Souverain Prêtre,
Sur le calice vermeil,
Béni d'un geste pareil,
Il dit, au nom du Christ, les paroles de vie :
« *Car ceci est mon sang* » — et c'est l'Eucharistie.

Par son verbe tout-puissant,
Le pain devient le corps, le vin se change au sang
Du Christ. Tranchante parole,
Comme un glaive qui l'immole.
Le mystère de la Croix
Est reproduit à sa voix.

Après l'Action.

Prêtre, ranime ta foi.
Peuple saint, rappelle-toi
La Passion, le Calvaire,
Et la Résurrection,
Et l'heureuse Ascension
Du Christ, en ce grand mystère.

Les dons d'Abel, d'Abraham
Offrant à Dieu son enfant,

De Melchisedech l'hostie
N'étaient qu'un pâle reflet
Du sacrifice parfait
De la Sainte Eucharistie.

Car, le Pontife éternel
Porte Lui-même à l'autel
Sublime de Dieu son Père —
Pour rendre grâce, adorer,
Expier, solliciter —
La victime salutaire.

Brûlant d'amour pour l'honneur
Divin, et notre bonheur,
L'Agneau, dans son sacrifice,
Veut paraître anéanti.
Par Lui, avec Lui, en Lui :
Gloire à Dieu! Paix et Justice !

Sur le monde racheté
Sa Grâce et sa Sainteté
Sont la céleste rosée
Qui rafraîchit tous les cœurs
Des infernales ardeurs
Dont la terre est embrasée.

Pater et Communion.

Pour participer aux fruits
Surabondants, infinis,

Renfermés dans ce mystère,
Avant la Communion,
Avec l'Église « Prions »,
Osons dire : « Notre Père... »

Jésus nous inspire à tous,
Sur Dieu, le prochain et nous,
Par sa divine prière,
Tout ce qu'il faut demander,
Les sentiments pour prier,
Et l'ordre, pour le bien faire.

D'un esprit surnaturel,
Nous contemplerons le Ciel,
Nos pauvres yeux sur la terre :
« Père, donnez-nous le pain, —
A mon frère le prochain,
A moi — le pain nécessaire ;

Le Pain de l'âme d'abord !
Ouvrez-vous, ciboire d'or ;
Livrez-vous à moi, calice ;
Après notre oblation,
Et la consécration,
Consommons le sacrifice. »

Action de grâces.

Que vous rendrai-je, ô mon Dieu.
Pour vos bienfaits, en ce lieu,

Témoin d'un si grand miracle ?
Je prendrai sur cet autel
Votre Calice immortel,
Votre Hostie au tabernacle,

Pour les immoler, Seigneur,
En votre nom, sur mon cœur...
Avec la divine Hostie,
Et le Calice sanglant
De votre précieux sang,
Daignez agréer ma vie.

Dans la Postcommunion.
Et la Bénédiction,
Je veux puiser l'espérance
En votre secours divin...
— La messe est finie. — *Amen.*
Vive ma reconnaissance !

L'EUCHARISTIE COMME SACREMENT

La présence réelle.

Sur le pain et sur le calice,
Le prêtre accomplit l'Action
Solennelle du Sacrifice :
Et c'est la « Consécration ».

O bienheureuses apparences,
Par un changement merveilleux,
Vous avez donné vos substances,
Pour en nourrir le Roi des cieux.

De l'autel radieuse Hostie ;
Du calice précieux Vin ;
J'adore en Vous, l'Eucharistie,
Le corps du Christ, son sang divin.

Ce corps, qu'une chair virginale
A porté dans son chaste sein,
Qui s'est fait victime pascale
Pour ses amis, le Jeudi Saint.

La première fois, au Cénacle,
Et des milliers de fois par jour,
Il réalise le miracle,
Le plus sublime de l'amour.

Ainsi qu'Il vivait en Marie,
Il vit avec vous sur l'autel :
Tout entier caché dans l'Hostie,
En même temps qu'Il est au Ciel.

Tout entier dans chaque partie,
Il veut partager votre sort ;
Vous subsistez, Il a la vie,
Votre perte est comme sa mort.

Quelle obéissance admirable !
Refuse-t-Il jamais, hélas !

16

Avec vous, d'aller au coupable ?
A tous les baisers de Judas ?

Prisonnier dans son tabernacle...
Ah ! quel profond isolement !
Est-il un plus navrant spectacle
Que tant d'ingrat délaissement !

A sa porte gronde l'outrage,
Le blasphème, l'impiété.
Il voit des chrétiens de tout âge
La sacrilège impureté.

Vie eucharistique... un Mystère
D'inépuisable Charité;
Vie immolée et de prière...
Elle sauve l'humanité.

Le roi du Ciel.

Le roi du Ciel et de la terre
Nourrit mon âme en ce beau jour.
Tout entier, ô divin mystère,
Je possède le Dieu d'amour.

J'ai mangé la chair adorable,
Et j'ai bu le sang précieux
De Jésus, né dans une étable,
Mort sur la croix, régnant aux Cieux.

J'ai reçu son corps et son âme,
Et même sa divinité.

De tant d'amour, je le proclame,
Naît toute ma félicité.

Mon Sauveur, mon Bien et ma Vie,
De mon âme le seul trésor,
Vivez en moi, je vous supplie;
Restez, Jésus, restez encor.

Semblable à Vous, ô divin Maître,
Brûlant d'amour et plein de foi,
Humble de cœur je voudrais être,
Soumis à votre sainte loi.

Plus fidèle que vos Apôtres,
Au soir du solennel repas;
Ah ! que toujours je sois des vôtres !
Mon Jésus, ne me quittez pas !

Quel beau jour !

Quel beau jour !
Plein d'amour,
Jésus vient dans l'Eucharistie :
Paradis,
Où grandit
L'arbre de l'éternelle Vie.

Seul vrai Pain !
Vin divin !
Corps et sang du Christ à la messe.

Mange et bois
Livre-toi
Aux transports d'une sainte ivresse.

Dans l'effort,
Réconfort,
Source de la grâce divine;
Au réveil,
Un soleil
Qui te réchauffe et t'illumine.

Bienheureux,
Dans ce feu,
Ardent foyer d'amour suprême,
Consumé,
Transformé,
Tu deviens semblable à Dieu même.

Voyageur,
Ton bonheur
Se trouve au terme du voyage.
Sur l'autel
Vois le Ciel;
L'Eucharistie en est le gage.

Nul beau jour,
Sans l'amour
De Jésus dans l'Eucharistie !
La nuit vient.
O Chrétien,
Tu meurs de faim loin de l'Hostie !

————

LA PÉNITENCE

Avec les clefs du Ciel.

Parmi les grands bienfaits de Dieu quel autre Don
Nous touche de plus près que celui du pardon ?
Dieu le garde en son cœur par un droit de nature.
Mais, voulant mieux l'étendre à toute créature
Pécheresse, et former l'homme au vrai repentir,
Dans son Église il met le pouvoir de guérir
Les blessures du cœur, de pardonner au crime,
Si vil soit le bourreau, si noble la victime.
Homme, pour rendre hommage à cet heureux pouvoir,
Ne te livre jamais au sombre désespoir.
Loin d'être de ses droits un vengeur implacable,
Par la main d'un pécheur Dieu pardonne au coupable ;
Seul, pour l'ange rebelle, il garde sa rigueur.
S'il nous prend en pitié, c'est grâce au Dieu Sauveur.
Avec l'Immaculée, il écrase la tête
Du serpent infernal ; achève sa défaite
En payant la rançon de l'homme avec son sang.
Le pécheur à genoux se relève innocent.
Du divin Rédepteur l'Église a la parole
Qui rend ferme la foi sur ce touchant symbole :
« Les péchés sont remis, si vous les remettez ;
Ils seront retenus, quand vous les retiendrez. »
« Avec les clefs du Ciel » dit-il encore à Pierre,
« Tu pourras délier et lier sur la terre. »

Dieu donnera toujours droit à ce jugement.
Ainsi naît dans l'Église un divin sacrement,
De vie et de pardon source la plus féconde :
Le fruit exquis de la rédemption du monde.

Les signes sacrés de la Pénitence.

Or, de la Samarie et de la Galilée,
Comme Jésus passait, pour aller en Judée,
A sa rencontre sont accourus dix lépreux.
Loin de Lui, mais déjà visibles à ses yeux,
Ils élevaient la voix : « Prends pitié de nous, Maître.
— Allez leur dit Jésus, et montrez-vous aux prêtres. »
— Ils allèrent; et tous furent purifiés.
— O pécheurs, montrez-vous à vos prêtres : Allez,
D'un cœur bien préparé recevoir la sentence,
Qui guérit l'âme au sacrement de Pénitence.

Contrition, Bon propos.

Pensez à Dieu, d'abord, avec un cœur brisé
De regret, de douleur, pour l'avoir offensé.
Votre contrition doit naître au fond de l'âme,
Qui, par un mouvement de la grâce, s'enflamme,
Repousse tout péché mortel, avec horreur,
Comme le mal suprême et le plus grand malheur,
Et dont la volonté, pleine de confiance
En Dieu seul, lui promet une humble pénitence.

Sous cette impulsion de la grâce de Dieu,
Avec ce « Bon propos », entrez dans le saint lieu.
Très calme et recueilli, faites une prière
A l'Esprit Créateur, à l'Esprit de Lumière.
Implorez sa venue avec humilité.
Qu'Il vienne en vous dans sa radieuse clarté.
Soyez sûr qu'Il est là par sa grâce actuelle,
Pour faire pénétrer sa grâce habituelle
Dans votre âme...

Examen. Confession.

Voyez, par examen précis,
Sérieux, en détail, tous vos péchés commis.
Pour faire au prêtre une confession complète
Ayez un Manuel : elle sera mieux faite.
A votre confesseur parlez très simplement.
Efforcez-vous aussi de parler sobrement,
Avec humilité de cœur, avec franchise,
Sans les ombres d'une conscience indécise,
Émue, embarrassée, où se peint, trop souvent,
Bien autre chose que la candeur d'un enfant.
Votre confession finie, et la prière,
Triple *mea culpa*, écoutez votre Père,
Le Père de votre âme, avec attention ;
Ses avis, ses conseils, son exhortation.

Absolution et Satisfaction.

Le Père ayant donné sa douce pénitence,
Le Juge souverain prononce la sentence

Salutaire : « Je vous absous de vos péchés ;
Dieu lui-même, mon fils, vous les a pardonnés. »
Sentence qui s'étend à la peine éternelle.
Mais, ordinairement, la peine temporelle
Reste à subir. On fait cette expiation
Par des actes nommés : « la Satisfaction ».
Mieux vaut faire ici-bas l'acte satisfactoire
Que plus tard s'acquitter au feu du Purgatoire

A l'œuvre !

« A l'œuvre on connaît l'artisan. »
Voulez-vous, en bon pénitent,
Travailler fructueusement ?

Pour le Ciel faire œuvre féconde ?
Creusez sa structure profonde
Dans le Christ, le Sauveur du Monde.

Mêlée au sang du Rédempteur,
Elle y puisera sa vigueur
Et son immortelle valeur.

Faites d'abord honneur à celle
Qu'on vous impose, et qui s'appelle
« Pénitence sacramentelle »,

Imposée à tout pénitent
Comme peine, et du sacrement
Le nécessaire complément,

Pour expier et satisfaire,
Pour guérir, vraiment salutaire.
Qu'il importe de la bien faire !

C'est trop peu pour des criminels.
Tous nos péchés, surtout mortels,
Méritent des pleurs éternels.

Dans nos biens, nos corps et nos âmes,
Châtions les plaisirs infâmes,
Pour brûler des plus chastes flammes.

Par l'aumône, frappons nos biens ;
Des œuvres soyons les soutiens ;
Des pauvres les anges gardiens.

Traitons notre corps sans faiblesse;
Faisons la guerre à la mollesse,
Et secouons notre paresse.

Et même, si nous le pouvons,
Privons notre corps et jeûnons.
Aux bonnes œuvres ajoutons,

De grand cœur, la belle souffrance,
Qui nous vient de la Providence.
Portons nos croix avec vaillance.

Refuser les chrétiens efforts
Qui domptent l'âme et le corps,
C'est vouloir vivre chez les morts.

Aux œuvres joignons la prière
De la victime salutaire,
A la Messe, nouveau Calvaire.

O pécheurs qui vous noyez.

O pécheurs qui vous noyez,
Pourquoi rester embourbés
Dans un affreux marécage ?
Que la *Planche de Salut*
Soit désormais votre but,
Pour éviter le naufrage.

Au sacrement du pardon,
Jeune homme, à ta guérison
Prompte, au *Remède* rapide,
A la grâce de Jésus
Qui passe et ne revient plus,
Vole, d'un cœur intrépide,

Petit enfant, je te vois,
Quand, pour la première fois,
Tu sors du *Second Baptême*;
Sur toi, qu'elle est belle, enfant,
La robe de pénitent,
Teinte au sang du Christ Lui-même.

Voici l'*Arbre* aux fruits exquis
Comme fruits du Paradis.

Amères sont les racines :
Profonde contrition,
Forte satisfaction ;
Puis, c'est joie et paix divines.

Sans le *Sacrement des Morts,*
La merveilleuse clef d'or
Des plus grands biens de l'Église,
Pour jouir des sacrements
Réservés aux seuls vivants,
Vaine serait l'entreprise.

Quel sacrement précieux,
Aux plus fervents, aux pieux
Qui, sur l'*Échelle mystique,*
Veulent aller et monter
Et sagement s'élever
Jusqu'à la vie angélique.

Il garde leur pureté
Dirige leur sainteté .
Il est le *Sel de la terre.*
Ses *Eaux* font fleurir les lys,
Les roses du Paradis,
Par leur grâce salutaire.

Pénitence et Satisfaction.

Nul homme ne revêt la robe d'innocence,
Sans un amour parfait, ou sans la pénitence.
Sur un mont escarpé règne la Sainteté ;
Dans un jardin fermé brille la Pureté.

Quels soins pour préserver la blancheur des hermines,
Et plus beaux sont les lis, au milieu des épines.
Pour la vierge insensée, hélas ! il n'est plus temps,
La nuit, d'aller chercher l'huile chez les marchands.
La vierge sage est prête, et l'époux récompense,
Par les noces du Ciel, sa longue vigilance.
Il faut donc le gagner par un rude labeur ;
S'armer d'un glaive aigu, se frapper droit au cœur.
Seigneur, vous l'avez dit : « Celui-là perd son âme,
Qui, pour les biens présents, garde toute sa flamme.
Mais celui qui la perd dans une belle mort,
La gagne, en obtenant le plus glorieux sort. »
Les ouvriers auront le prix de leur journée,
Mais, à la fin du jour, quand leur gerbe est liée.
Lors, « le Maître du champ, du premier au dernier,
Rendra justice à tous, en payant son denier ».
Vous les voulez si purs, les heureux que vous faites,
Qu'ils doivent réparer jusqu'aux moindres défaites,
Et vaincre l'ennemi dans le dernier combat.
Après, vous couronnez au Ciel votre soldat.

L'EXTRÊME-ONCTION

Remède pour mon corps, et sacrement divin
Qui prépare mon âme au funèbre passage,
Et lui fait entrevoir, sur un nouveau rivage,
Les premières lueurs de l'éternel Matin.

Notre-Seigneur l'a mis, prêtre, en ta douce main.
Avec les onctions, caressante, elle passe
Sur chacun de mes sens, pour répandre la grâce.
Béni soit l'artisan de mon heureux destin !

Viens, après le Pardon, après l'Eucharistie,
Viens me plonger encore aux sources de la Vie ;
Rendre toujours plus pur le dernier de mes pas.

Au couchant de mes jours, oh ! dissipe l'orage.
Pour mes sens et mon cœur, fais un soir sans nuage.
Endors-moi dans la paix d'un lumineux trépas.

LA MORT CHRÉTIENNE D'UNE MÈRE,

Inspiré par le « récit d'une sœur ».

... Elle me dit soudain : « Malgré moi, je m'endors.
Je n'y vois plus du tout. Je crois que c'est la mort.
Mon Dieu, voici mon cœur, et mon âme et ma vie,
Avec ma volonté... Seigneur, je suis ravie. »
— Sa joie illuminait ce terrible moment.
Que j'en étais heureuse ! Et je lui dis : « Maman,
Fais ta petite croix sur nos fronts. » Et ma mère
Fit le signe sur moi, sur ma sœur, sur mon frère.
« Je t'ai fâché, maman, dans tant d'occasions !
Veux-tu me pardonner ? »
                        — Oh ! oui, tous mes pardons. »

Et puis, elle ajouta : « Mais pensez-vous au **prêtre**,
Mes enfants? Car bientôt, bientôt, je vais paraître
Devant Dieu. » — Nous avions déjà fait prévenir
Son confesseur. Infirme, il ne pouvait venir
Que dès le lendemain...

                      — « C'est trop tard », dit ma mère.
— On court à la paroisse avertir un vicaire.
A neuf heures du soir, c'est la Confession.,
Puis le Saint Viatique, et l'Extrême-onction.
Rien ne peut exprimer, à ce moment suprême,
Sa piété, son calme et sa douceur extrême.
Pendant la nuit, elle continue à prier...
... Il est deux heures quand elle veut se lever.
Mais, à peine debout, la fièvre et la faiblesse
S'emparent de son corps qui tressaille sans cesse.
Ah ! ce tressaillement qui nous épouvanta !
Mon frère tient ses pieds : je la prends dans mes bras.
Ma sœur nous aide à la remettre sur sa couche...
Quel changement profond au visage, à la bouche,
Précurseur de la mort, bien solennel, bien beau !
Ses yeux semblaient s'ouvrir par delà le tombeau.
Elle tient dans ses mains une croix de mon père —
Celle qu'il embrassait à ses derniers moments —,
La baise avec amour, et fait cette prière :
« Je crois, j'aime, ô mon Dieu; j'espère et me repens. »
Avec un sentiment d'amour inexprimable,
En regardant la croix : « Bientôt, Maître adorable !
Bientôt ! Bientôt ! » dit-elle, une troisième fois.
Elle redit encore, avec la même voix :
« Je vous donne mon cœur et mon âme et ma vie;
Toute ma volonté, mon Dieu, je vous supplie,
Voulez-vous accepter, Seigneur, mon repentir ? »

Elle put tout entier réciter le symbole,
Le *Credo* de sa foi; puis, perdant la parole,
Le sommeil de la mort, coupé par un soupir,
L'envahit tout à coup... Pendant les litanies
De la Vierge, ma mère à Dieu rendit la vie.

L'ORDRE

Tonsure.

Pieux jeune homme, au cœur ardent,
A l'âme généreuse et fière,
Ton premier pas dans la sainte carrière,
T'oriente à jamais vers le renoncement.

L'angélique surplis et la noire soutane
T'enveloppent de toutes parts,
Et forment sur ton corps deux cléricaux remparts
Qui te protégeront de la mode profane.

L'un te parle de mort et dit : « Sois pénitent.
Il faut dompter ainsi la chair, vaincre le monde;
Corriger du péché la malice profonde,
Et faire sans pitié la guerre au vieil Adam. »

« Puisque tu veux entrer dans la cléricature,
Dit l'autre, par la voix de l'Église, mon fils,

Revêts une âme blanche et pure comme un lis.
Sois l'image du Christ « nouvelle Créature ».

Qu'en tes cheveux coupés meure la vanité.
La tonsure sera ta couronne d'épines.
Tu soumettras ton cœur aux fortes disciplines,
Tandis qu'en ton esprit règne l'humilité. »

— Le pieux clerc répond : « Seigneur — mon héritage
Depuis mon baptême et ma confirmation —,
Agréez, de nouveau, ma consécration.
Soyez de plus en plus mon unique partage. »

Les ordres mineurs :

Portier.

Je te revois après un labeur de trois ans,
Protégé par les murs bénis du séminaire,
Portier, sanctifié par une vie austère
Qui de toi fait un sage, avant les cheveux blancs.

Regarde l'avenir : ces clefs matérielles
Doivent ouvrir, fermer les trésors du saint lieu ;
Ces cloches, appeler jour et nuit les fidèles.
Pense au zèle du Christ pour la maison de Dieu.

Lecteur.

Après avoir touché le livre liturgique
De nos deux Testaments, nourris-toi, cher Lecteur,

Et, comme saint Louis, aime à chanter au chœur
Le chant Grégorien, seul ecclésiastique.

Suis un exemple encor d'un plus puissant attrait,
Saint Luc a conservé ce fait évangélique.
— Celui qui, déroulant le Livre prophétique,
Le lut au peuple, était Jésus de Nazareth.

Exorciste.

L'exorciste, jadis, avait beaucoup à faire.
De nos jours, le démon, appelé « le Malin »
Dans l'âme est embusqué. Sois vaillant médecin,
Et pourchasse-le fort de son dernier repaire.

Prends le livre où voici tes pouvoirs souverains :
Tu briseras des corps les funestes entraves.
Tes frères de l'enfer ne seront plus esclaves.
S'ils ont recours à toi, « impose leur les mains ».

Pour être à la hauteur de ton sublime rôle,
Sois chaste, reste pur. Tu seras le plus fort.
Entre Satan et toi, c'est une guerre à mort.
Tu vaincras par la foi, par ton cœur qui s'immole.

Acolyte.

O clerc, chargé du symbolique chandelier,
Le pontife te nomme : « un enfant de lumière » ;
Porte la Vérité, la Justice à la terre :
Que l'homme se réchauffe à ton ardent foyer.

Tes mains offrent le vin et l'eau du Sacrifice,
Acolyte, si près du redoutable autel,
Où tu vois s'immoler l'Holocauste immortel,
S'élever, dans les mains du prêtre, le Calice

Les ordres majeurs :

Sous-diacre.

Clerc minoré fervent, le pontife t'appelle
Au sous-diaconat, premier ordre sacré.
Recule, s'il le faut. Tu le peux à ton gré.
Sinon, viens lui jurer d'être à jamais fidèle.

Mais ta voix dit : « Présent » à l'appel du prélat.
Et le choix de ton cœur, ainsi, tu le proclames :
« Oui, je veux servir Dieu, son Église, les âmes,
Par l'office divin et dans le célibat ;

Être un fils bien-aimé de la chaste colombe ;
Vivre loin des sentiers du prévaricateur —
Si je devais forfaire au devoir, à l'honneur,
Que je meure plutôt sur la dalle où je tombe ! »

— Céleste vision ! Encore prosterné,
Au moment où finit le chant des litanies,
L'Ange qui visita le Christ à l'agonie,
Te rend la douce paix d'un cœur rasséréné.

Fort, tu viens à l'autel; tu touches le calice,
La patène, le manuterge et le bassin ;
La burette de l'eau, la burette du vin...
L'Église t'a créé « témoin » du Sacrifice.

« Témoin », cher Sous-Diacre, oh ! le précieux titre !
L'évêque te revêt de tes nouveaux habits :
Manipule, tunique et symbolique amict.
Va, va, chanter au chœur l'apostolique Épitre !

Diacre.

Diacre, réfléchis sur ta noble origine :
« Les Apôtres, lit-on aux *Actes*, inspirés,
Ont imposé les mains aux premiers consacrés. »
Vois l'effet qu'a produit cette grâce divine :

Étienne est à leur tête. Admire ses vertus :
Sa foi, sa chasteté, sa force apostolique.
Quel modèle accompli de vie évangélique !
Vois sa mort, qui ressemble à la mort de Jésus !

Tu dois examiner encore, au cours des âges,
D'autres noms glorieux, diacres comme toi :
Tels, Athanase, Ephrem, dont l'invincible foi
Crée au diaconat les plus illustres pages.

Le pontife t'a dit à l'ordination :
« Reçois le Saint-Esprit. Qu'Il te donne la grâce
D'une force puissante et toujours efficace,
Pour vaincre le démon et la tentation. »

Lui-même, il te revêt de vêtements antiques,
Pour chanter l'Évangile et monter à l'autel,
Découvrir le calice au moment solennel ;
L'étole aux franges d'or et l'ample dalmatique.

Sur toi j'ai fait un rêve, en te voyant chanter
— Tandis que le soleil illuminait le prêtre —
J'ai cru voir sur ton front deux rayons apparaître,
Deux lumineux pouvoirs : prêcher et baptiser.

Ah ! puisses-tu sortir d'une atmosphère triste ;
Ne plus laisser moisir l'« Onction » dans ton sein !
« Que tes pieds soient chaussés des exemples des saints ».
Comme un Philippe, sois diacre évangéliste.

Prêtre.

Aujourd'hui prêtre ! Honneur et charge redoutable
D'un chef sacré qui doit présider au saint lieu ;
Pour tout fidèle offrir le Sacrifice à Dieu ;
Éclairer et juger innocents et coupables.

Être un dispensateur du bien surnaturel ;
Dans l'Église bénir les berceaux et les tombes ;
Faire la guerre au mal ; secourir ceux qui tombent ;
Sanctifier leur âme, et la conduire au Ciel.

Instruire, consoler et corriger en Père ;
Par la communion, les divins sacrements,
Peupler le ciel d'élus et l'Église d'enfants...
Médiateur entre l'homme et Dieu sur la terre.

— D'avoir été jugé digne d'un tel honneur,
Prêtre, pour ta vertu, c'est le plus bel hommage.
Six ans de séminaire ont fait de toi le sage
Qui toujours obéit à l'Esprit du Seigneur.

Ah ! conserve-la bien cette mûre sagesse,
Et comme Salomon qu'elle guide tes pas !
Assise à tes côtés, tu ne failliras pas,
Mais elle inspirera ta féconde jeunesse.

Écoute, elle te dit : « Pour des fleurs de Printemps
Sans les fruits de l'Été, sans les fruits de l'Automne,
Dieu ne donne jamais l'immortelle couronne.
Non plus, sans fruits d'Hiver, s'il t'en donne le temps. »

Aime donc le travail, encor plus la prière.
Il ne suffirait pas d'être un savant docteur.
Au siècle où nous vivons, trop perfide est l'erreur,
Pour voir tout son venin sans céleste lumière.

Je te souhaite, ami, la sainte ambition
D'être un Vincent de Paul, un curé d'Ars, ô prêtre,
Prêtre français ! voilà, voilà ce qu'il faut être
Pour maintenir bien haut notre tradition.

LE MARIAGE

Mariage du jeune Tobie.

Son père se croyait à son heure dernière.
Éprouvé, comme Job, par la main du Seigneur,
Ce Juste voit enfin l'ange consolateur
Répandre ses bienfaits sur la famille entière.

Tobie a confiance en l'envoyé du Ciel
Qui guide son enfant au cours d'un long voyage,
Et, sous un nom d'emprunt, accomplit son message.
Azarias cachait l'archange Raphaël.

Aux célestes conseils le jeune homme docile,
Tire sur le rivage un poisson monstrueux,
Dont une part, bientôt, rendra la vue aux yeux
Du père, et dont la chair au voyage est utile.

De l'ange du foyer le dessein principal
Est d'engager Tobie au chaste mariage
Avec Sara, qui vit dans un triste veuvage,
Et de faire fleurir l'esprit familial.

« Allons chez Raguel, dit l'ange tutélaire ;
Demande-lui la main de sa fille Sara,
Seule héritière. Ainsi, son bien t'appartiendra.
Il est de ta tribu; le cousin de ton père !

—'Ah ! répondit Tobie, en m'exposant au sort
Des sept époux auxquels un démon prit la vie,
Si par les mêmes coups elle m'était ravie,
Moi-même, aux vieux parents je donnerais la mort !

— Mon frère, écoute-moi. Du démon la puissance
N'est funeste qu'à ceux qui chassent de leur cœur,
Comme de leur pensée, et Dieu et la pudeur,
Se mariant pour la grossière jouissance.

Toi, les premières nuits, prie et sois continent;
Et le démon fuira la chambre nuptiale.
Tu recevras du Ciel, pour grâce spéciale,
D'être le père heureux de vigoureux enfants. »

— Raguel témoigna la plus vive allégresse
A recevoir chez lui le fils de son cousin...
« Ton père, lui dit-il, quel grand homme de bien ! »
... Il se jette à son cou, l'embrasse avec tendresse,

En pleurant. Et sa femme et sa fille pleuraient...
Le repas était prêt. On porte sur la table
Et le bélier fumant et le vin délectable.
Autour de Raguel tous, déjà, se rangeaient.

« Je ne mange et ne bois ici, lui dit Tobie,
Si je n'obtiens de toi Sara, selon mon droit ! »
A ces mots, Raguel se tait, rempli d'effroi.
— « Donne à l'élu de Dieu cette fille chérie,

Dit l'Ange; ne crains plus; le jeune homme est pieux. »
Et Raguel parlant en père de famille,
Quand Tobie, en sa main, tient la main de sa fille :
« Que le Dieu d'Abraham vous bénisse tous deux ! »

Les noces de Cana.

D'un Élie ou d'un Jean la règle trop austère,
Ne sait point se plier à la vie ordinaire :
Mais, simples, aussi bien que sublimes vertus,
Répandent leur parfum dans celle de Jésus.
Tels sont de l'univers les charmants paysages,
Enchantant tous les yeux, plaisant à tous les âges.
Avec sa mère, avec ses disciples, il va
Prendre part au repas des noces de Cana,
Et boire à la santé des époux. L'allégresse
Bruyante, et les propos de l'ardente jeunesse
Ne rident point son front de dur accusateur;
Tels le pharisien, le scribe, le docteur,
Hypocrites gourmés, imposant le silence,
Au nom de la morale, au nom de la décence,
A tort et à travers censeurs intempestifs,
Et qui font les gros yeux aux rires expansifs.
Au moment où l'on voit naître à flots les paroles :
Gestes exubérants, chansons un peu frivoles,
La mère de Jésus, qui servait au repas,
A l'oreille du Fils vient révéler tous bas :
« Fils, ils n'ont plus de vin !
                              — Femme, que nous importe ?
Faut-il que de mon rôle avant le temps je sorte ? »
— Cela signifiait : laissons faire, avant nous,
Les gens de la maison, les parents, les époux.

Raison et vérité — mais non pas l'amour tendre,
Dont Marie, en son cœur, ne pouvait se défendre —.
— Parlant aux serviteurs : « Allez à mon enfant ;
Et ce qu'il vous dira, faites-le promptement. »
Elle dit. Et le Fils admira dans la mère,
La foi, la charité, la force de prière...
— Aux serviteurs montrant six urnes, au dehors,
Énormes : « Remplissez d'eau, dit-il, jusqu'aux bords
Ces vases — qui servaient au très fréquent usage
Juif des ablutions —. Puisez de ce breuvage
Et faites-en goûter au maître du festin. »
— Quand cet homme eut goûté de l'« eau changée en vin »
Il appela l'époux. « C'était, dit-il, la mode
De servir le bon vin d'abord... Mais, la méthode
Que vous me proposez, — dont je ne me plains pas —
C'est d'offrir le meilleur à la fin du repas. »

Paul et Madeleine.

Fiancés.

Lui, Paul, un Rouergat, robuste comme un chêne.
Elle, née à Paris, s'appelait Madeleine.
Ses parents l'emmenaient, à la belle saison,
Dans leur pays natal, aux bords de l'Aveyron.
Il avait fait son droit ; elle était brevetée ;
Déjà, depuis trois ans, avec Paul fiancée.
Sa mère, beaucoup plus que ses autres parents,
S'effrayait de penser qu'elle vivrait aux champs,
Même en hiver, malgré la neige, la froidure,
Elle, si délicate et frêle créature.

Madeleine aimait Paul. Et sa mère, à la fin,
Se résigna, prenant son courage à deux mains.
Du jeune homme loyal elle obtint la promesse
Qu'ils viendraient tous les ans consoler sa tendresse,
Vingt jours du gros hiver. Plus longtemps à Paris,
Cela ne se pourrait. Le temps a trop de prix.
Du Causse caillouteux dur est le labourage.
Le Pré-Grand négligé ne serait qu'un herbage,
Où le malheureux foin, croupissant sous les eaux,
Serait abandonné comme proie aux roseaux.
Il est, en février, utile qu'on commence
A préparer la terre, à jeter la semence...
Bref, la mère accepta ces vingt jours, en pleurant.
Sur plusieurs autres points, Paul fut intransigeant.
« Je trouve, disait-il, heureux le mariage,
Quand les enfants, en troupe, ont peuplé le ménage.
Leur mère les gouverne; elle est reine au foyer.
A moi, les champs, les prés, la vigne et le verger.
Longtemps la vie à tous sera familiale.
Ainsi naîtra le goût de la terre ancestrale;
Et, dans leur cœur, l'amour de la religion,
Plus fort que le granit des monts de l'Aveyron. »

Leur mariage chrétien.

Le défaut dominant de ce beau caractère
Était sa rude écorce; un air fier et sévère.
« Hélas, avouait-il, loin d'être aimable et doux,
Je suis aussi piquant qu'une branche de houx.
Ah ! si je n'avais pas le nid de la colombe ! »
Il appelait ainsi, au val de Bonnecombe,

Une antique abbaye où son cœur pénitent
Allait puiser la grâce et la paix en tout temps.
Dans cet affreux désert, comme une « Quarantaine »
Paul venait se dompter pour plaire à Madeleine,
Et boire les conseils d'un sage directeur.
Madeleine, à son tour, rivalisait d'ardeur,
Afin d'être la femme idéale en ménage.
Des jeunes fiancés tel fut l'apprentissage,
Avant le jour heureux du « oui » sacramentel
Qui forma dans leur âme un lien immortel,
Accepté par amour de leur œuvre sublime,
Pour la mener à bien, éviter maint abîme,
Mille écueils, et trouver dans la pérennité
Du mariage : appui, force et prospérité.
L'honneur fut à Dieu seul, la matinée entière,
Par la communion, la messe, la prière.
Après Dieu, la journée et le soir aux parents,
Aux amis, aux voisins, en époux bons vivants.
Mais restait un vœu cher à leur âme chrétienne :
Porter aux pieds de la Vierge Pyrénéenne,
Leurs projets d'avenir et leurs jeunes espoirs
D'amour chaste et fécond ; tous leurs pieux devoirs.
Et Lourdes les retint plusieurs douces journées...
... En contemplant le ciel béni des Pyrénées,
De la grotte, ils disaient : « Existe-t-il un lieu
« A part Rome et Jérusalem, plus près de Dieu ? »

FIN

TABLE DES MATIÈRES

CHANT I : LA DIVINE CROYANCE

CHANT II : LA MORALE DE L'HOMME-DIEU

9 782329 0440